U0580267

本书翻译受安徽省高等学校哲学社会科学优秀青年项目（2022AH030089）资助

我心

人工智能与
真实智慧的边界

[加]穆罕默德·埃尔马斯里◎著
（Mohamed I. Elmasry）

刘 燊◎译

iMind
Artificial and Real Intelligence

北京师范大学出版集团
BEIJING NORMAL UNIVERSITY PUBLISHING GROUP
北京师范大学出版社

献给

所有在人工智能时代想要提高人类真实智慧的人,

并且献给我已经安息的姐夫约翰·巴里。

也献给全世界所有正在遭受阿尔茨海默病

和其他神经退行性疾病折磨的人们,

以及未来可能会被诊断出此类疾病的人们,

还有他们所有充满爱心的亲人。

序　一

　　欣闻安徽农业大学刘燊教授翻译的《我心：人工智能与真实智慧的边界》一书即将出版，我深感荣幸能为此书写序。

　　作为一名长期从事智能科学与知识工程研究的学者，我对这本书的核心议题——人工智能与真实智慧的关系——深感兴趣。本书作者穆罕默德·I. 埃尔马斯里教授以独特的视角，深入剖析了人工智能的飞速发展如何重塑我们的生活，同时呼吁我们重新审视人类智慧的本质，这一主题与我在智能科学领域的研究不谋而合。我的研究聚焦于知识表示、推理机制以及智能系统的构建，试图通过模拟和增强人类认知能力，探索智能的深层机理。这本书不仅讨论了人工智能的技术前沿，还从神经科学、心理学、哲学等跨学科角度，探讨了人类大脑与心智的奥秘，以及技术与人文的平衡之道。

　　近年来，人工智能领域取得了令人瞩目的突破，从深度学习到大语言模型，技术的进步正在深刻改变医疗、教育、交通等诸多领域。然而，正如这本书所强调的，人工智能的本质是服务于人类福祉，而非取代人类智慧。埃尔马斯里教授在书中提出，真实智慧源于人类大脑的复杂神经网络、感官体验以及与外部环境的交互，这种智慧的独特性远超当前任何计算机系统。这一观点启发我们，在设计智能系统时，不仅要追求算法的效率，更要理解人类认知的多样性与创造力，以构建更具解释性和伦理性的智能系统，而本书对此提供了深刻的洞见。

此外，这本书还特别关注了伦理、精神生活等超越物质世界的维度，探讨如何通过滋养人类的心智，实现健康而充实的未来生活。这让我联想到智能科学中一个重要的课题：如何在技术系统中融入情感与伦理的因素？未来的智能系统不应只是冷冰冰的计算工具，而应成为能够理解人类需求、促进个体幸福的伙伴。这本书的这些思考，为我们提供了思路，也让我更加坚定了在智能科学领域探索人文与技术融合的信念。

刘燊的翻译精准而优美，不仅忠实地传达了原著的思想精髓，还以流畅的中文表达赋予了文本新的生命力。希望这部译作与更多的读者共享科技理性与人文温度的思想长河，愿这本书成为一盏明灯，指引我们在智能时代不忘初心，探索技术与智能发展之道。

史忠植

国际信息研究科学院院士、中国计算机学会会士

中国人工智能学会会士、IEEE 高级会员、AAAI 和 ACM 会员

中国科学院计算技术研究所研究员、博士生导师

2025 年 4 月

序　二

在人工智能（Artificial Intelligence，AI）汹涌的时代，我们的注意力被 AI 强势夺走，如果我没有看到这本书，可能会忽视 AI 背后的人类原型——真实智慧（Real Intelligence，RI）。AI 这个新质生产力将我们带入了前所未有的时代，让我们看不清未来世界与人类生活的模样。这本书给出了我们如下思考与遐想。

◆ 思考一：一种新质生产力的产生需要多少个学科的长期托举？

现代社会的时代变革的核心指标是新质生产力，这是从无到有的质变创新技术，它改变着人类进化，引发了社会变革。这本书告诉我们，一种新质生产力的产生是来之不易的：AI 技术是多学科合作的产物，体现了不同学科的共同贡献与协同发展，如数学、物理、化学、生物学、工程学、计算机科学、心理学等，还有微芯片技术、神经形态工程、人工神经网络、机器学习、大数据等，特别是微芯片，它是 AI 的基础。虽然各学科都有着漫长的发展史，但是集合成的 AI 却产生了如同"光速"般的发展前程。现今时代被称为"压缩的 21 世纪"，未来 10 年将完成过去百年的科技进步，如此超速的变革时代源自 AI 的到来。反之，AI 也赋能给了 2024 年诺贝尔物理学奖和化学奖的前沿研究。21 世纪展现出了科学命运共同体的态势。

◆ 思考二：当今人类应该如何看待人机共生的时代？

当我们在关注从弱人工智能（Artificial Narrow Intelligence，ANI）到强人工智能（即通用人工智能，Artificial General Intelligence，AGI）再到超人工智能（Artificial Super Intelligence，ASI）的 AI 发展阶段时，也将迎来人机共生的时代，其标志是 AGI 的出现。AGI 一旦生成将会永久存在，预计 2～5 年内，人类将面对"人机并存"的状态，是相融还是相杀？AI 创造出广泛的社会福利、教育改变与医学突破，也会带来人类生存危机。AI 的双刃剑功能让人类出现了 AI 欣赏与 AI 厌恶两大阵营，我们在享受 AI 的工具便利时也在担忧 AI 的失控发展，AI 教父杰弗里·辛顿（Geoffrey Hinton）、比尔·乔伊（Bill Joy）、斯蒂芬·霍金（Stephen Hawking）、埃隆·马斯克（Elon Musk）、比尔·盖茨（Bill Gates）都向人类发出了 AI 警告。当前大语言模型已经遇到瓶颈，无法超越人类智能，要突破就要从人类数据时代进入实践时代。人类已经开始实验并初步成功，AI 的自我学习能力将会超越人类智能，进入

ASI 时代。我们在提高人工智能的水平时，是否认真思考过人类真实智慧的未来？由此，"AI 永向善"的原则被提出，要设计出"负责任的 AI"(Responsible Artificial Intelligence，RAI)，将 AI 带来的灭绝风险降至最低。在未来世界中将会实现 AI 与 RI 的平衡，充分发挥出 RI 的潜力，又充分利用好 AI，而不是滥用。

◆ 思考三：这本书给人类带来的启示是什么？

读罢本书，我最大的感受是，当人类面对 AI 时代的大变局时，我们要具备什么样的对撞能力？我的回答是"时代认知能力"。这是一种对当下或未来时代特征的敏锐觉察能力，对时代发展趋势与变革特征的主动预知能力。这种能力是衡量心理健康的重要特征之一，也是衡量心理适应能力的指标之一。当科技进步超越于人类进化速度时，会带来人类适应性问题，特别是心理健康问题。当今世界正经历一场大浪淘沙，每个人的命运都与时代相连，时代更迭会生成心理不适应者，时代认知力是生存适应的基础。那么，AI 时代的心理应对锚点在哪里？在人类剩余优势清单里。即，通用人工智能难以复制的人类独特能力，如创造、生命意义、审美体验、开放人格、科技伦理等。

◆ 思考四：碳基生命与硅基生命的对接会带来什么样的遐想？

微芯片将我们带入了硅时代，未来地球将出现碳基生命与硅基生命的共存。那时将是一个什么样的新世界？这让我们产生无限遐想："人工生命"会有精神与信仰吗？会有潜意识吗？会有心理困扰吗？可以用冥想作自我调节吗？它们能够共情人类吗？一台 AI 可以对另一台 AI 产生社会影响吗？它会思念其他 AI 吗？它可以制造出让自己称心如意的机器孩子吗？它可以复制自己并启动快捷键预演自己的完整一生，预知自己的人生走向与结局，并重设人生吗？……这些也只是人类视角的遐想。

总之，面对 AI 时代，我们已经身在其中，要看到新生事物的创造性破坏与包容性成长，积极参与到这场人类智能的变革中，迎接挑战，拥抱 AI！

许　燕

中国社会心理学会常务理事、人格心理学专业委员会主任

中国心理学会理事、积极心理学专业委员会主任

北京师范大学教授、博士生导师

于北京师范大学后主楼

2025 年 5 月

原　序

《我心：人工智能与真实智慧的边界》是知名工程师兼教授穆罕默德·I. 埃尔马斯里的最新著作，该书深入探讨了人工智能（Artificial Intelligence，AI）在现代社会所扮演的角色及其对于我们当下与未来生活的深远影响。尽管人工智能成为我们技术格局的一部分已经有数十年之久，但直到最近，像我这样的非技术人士仍然没有能够完全理解人工智能是如何悄无声息地渗透到我们生活的方方面面，又是如何天衣无缝地融入日常活动的各个领域的。这一点，可以说是确信无疑。

在我使用搜索引擎时，人工智能就在那里，试图理解我的需求，并且提供与我的搜索最相关的结果。人工智能正在医疗和卫生领域掀起革命。它分析 X 射线和磁共振成像胶片的速度已经远超人类，准确性也比人类高，进而得以更快、更可靠地做出诊断。然而，人工智能尽管用各种方式来简化生活、提高效率，却也给许多人带来了高度焦虑。这种焦虑在很大程度上源于我们的无知——对于人工智能是什么、如何运作以及未来走向缺乏了解。虽然我们不需要成为专家也能够使用人工智能，但对于这样一个功能强大、运作过程似乎笼罩在神秘之中的工具，我们内心总会感到一丝不安。

正是在这样的背景下，埃尔马斯里教授的这本书才显得尤为及时并且富有信息量。《我心》旨在吸引广泛的读者群体，包括那些对人工智能所基于的基本科学原理感到好奇的普通读者。该书用通俗易懂的语言解释了人工智能核心的一些基本概念，从物理硬件（如微芯片）到应用程序（如机器学习），以及用于构建、训练和操作人工智能系统的其他工具。

但，《我心》同样强调，人工智能核心的人工神经网络的发展在很大程度上依赖对人类大脑工作原理的理解。我们在教导计算机如何像我们一样思考、说话和推理时，要记住，人类大脑远比最先进的计算机还要复杂得多。这正是埃尔马斯里教授所称的"真实智慧"（Real Intelligence，RI）。真实智慧的发展始于胎儿期，可以认为与智能手机硬件设置的建立相当：智能手机通过将单个硬件组件组装而成，并且依赖各个组件的集成，而人类大脑也通过神经元的组建和复杂神经网络的形成而发展；智能手机在出厂时安装了操作系统，而人类大脑在母体中便接收了基本的操作指令。

埃尔马斯里教授在本书中清晰地阐述了真实智慧与人工智能之间的区别。在我们的一生中，人类神经网络的功能和效率，甚至其存活本身，都极大地依赖多种外部输入，包括充足的营养等基本要素。出生后，贯穿整个童年，并且持续到成年和老年，感官体验都有助于建立和维持我们的神经连接，增强学习和认知能力。

　　大脑的能量需求极高。其主要的能量来源——葡萄糖在大脑的消耗速度是其他器官的十倍。我们工作得越努力，大脑就需要越多的能量。没有充足的葡萄糖供应，我们就会失去专注力。但人工智能永远不会感到疲倦。它能够迅速、准确地分析庞大的数据集而不会感到精力耗尽或者压力，这对于人类大脑来说是不可能的。我们从饮食中获取的其他营养素，如维生素、矿物质、蛋白质和健康脂肪，通过支持神经网络的存活、高效运作和促进通信来对其产生影响。

　　《我心》探讨了我们是否在充分利用人类大脑。我们是否给予了大脑足够的滋养？我们的真实智慧是否接收到了优化其功能所需要的外部输入——营养、感官和经验输入，来增强创造力、提高感知力、巩固记忆？我们如何充分利用技术，利用人工智能来增强和改善人类的能力，同时培育并发展我们的真实智慧？

　　这是当今时代的根本问题。在书中，埃尔马斯里教授对此给出了全面而有力的回答。

艾琳·伯福德-梅森

于多伦多

2024 年 1 月

　　艾琳·伯福德-梅森（Aileen Burford-Mason）博士，免疫学家、细胞生物学家、分子营养学家，推动加拿大营养科学基础发展的领军人物之一。曾任多伦多大学医学院助理教授，多伦多总医院癌症研究实验室的主任。著有多部脑科学、健康科学图书。

自　序

我的作品有一个惊人的特点：它所带来的收益取决于阅读它的方式。

——《群鸟的集会》，波斯诗人法里德·乌德-丁·阿塔尔（Farid ud-Din Attar，又名内沙布尔的阿塔尔，Attar of Nishapur，1145—约1221）

你如果问我"iMind"①中的"i"代表什么……我回答，它象征着人类心智的所有美好之处——智慧（intelligent）、信息丰富（informative）、有教益（instructive）、有趣（interesting）、创新（innovative），尤其是，富有想象力（imaginative）。

为什么，我们最近的注意力如此集中在人工智能上，而几乎忘记了真实智慧？

---

① "iMind"为本书原名。——译者注（本书所有注释均为译者注）

为什么，我们要花费如此多的精力去争辩人工智能的未来，而不是其人类原型——真实智慧的未来？

又为什么，那些关心人工智能的人，和那些关心真实智慧的人，无法用同一种语言进行交流？

《我心：人工智能与真实智慧的边界》是一部全面介绍人工智能与真实智慧的科普读物。本书视角独特，综合讨论了人工智能、真实智慧、智能手机、智能传感器、微芯片、神经系统、大脑与心智连接等跨学科科学，以及正念与精神生活等物质世界之外的事物如何帮助我们成就此刻的福祉，实现未来健康而丰盈的老年生活。

如今，"人工智能"已经成为家喻户晓的词，也是媒体头条的常客。搜索引擎的统计数据显示，"人工智能"的每月搜索量超过百万次（2023年夏）。

2023年5月，加拿大人工智能领域"教父"、多伦多大学教授即我的同事杰弗里·欣顿（Geoffrey Hinton）接受了主流媒体的采访，吸引了数百万读者阅读和观看。

根据总部位于纽约的市场研究机构"统计学家"（Statista）的数据，现如今（2023年），全球智能手机用户数量已经达到**69.2亿**，占总人口的85.95％。而在全球30岁以下的群体中，94％的人拥有智能手机。这些数字令人惊叹——而且未来只会继续增长。

在科技发展的另一面，当前的畅销书榜单中包括许多流行的科学图书，遍及营养、衰老、健康、正念、记忆、人类大脑与心智，以及身体、心理或者精神健康等主题。

人工智能能否激发我们提升自己的真实智慧？随着我们对于

二者的了解不断深入，这个问题变得越来越重要。

然而，30 多年前，休·肯纳（Hugh Kenner，1923—2003）在《机械缪斯》（*The Mechanic Muse*，1988）一书中，仅用一句话就精彩地捕捉到了一个普遍答案的本质：

技术改变了我们对于心智功能的认识，改变了心智的领域，并且改变了这些领域的特性和界限。

休·肯纳是加拿大文学学者，曾任加州大学圣巴巴拉分校、约翰霍普金斯大学和佐治亚大学的教授。

在这本书中，我们将一起通过了解"心智的领域"，来探索"这些领域的特性和界限"。

我们将了解人工智能和微芯片是什么；探寻大脑与心智之间的联系；讨论衰老的作用；并且思考身体之外的生活，包括精神生活和正念。

也许，用休·肯纳的话来说，我们将改变自己对于心智功能的认识。

穆罕默德·I. 埃尔马斯里

于安大略省滑铁卢

2024 年 1 月

致　谢

在我长达 50 余年的职业生涯中，作为全球领先的高级微芯片设计师与研究员，我参与了包括人工智能在内的多种应用场景下的微芯片设计与研发。在研究人类真实智慧后，我将自己的工作模型建立在大脑与心智连接之上。我有幸研究众多伟大而美妙的设计，感谢在这个神奇的宇宙中，我能够通过自身感官欣赏与钦佩更多的设计。

我要感谢艾琳·伯福德-梅森博士为我提供的全部建议，并且感谢她为本书作序。我想写出一本真正跨学科的、关于人工智能与真实智慧的科普书，一本既恰逢其时，又经过深入研究的书。从一开始，她就相信我的这一志向。

像伯福德-梅森博士这样的生物化学、真实智慧和大脑与心智方面的资深研究者与学者，以及像我这样从事微芯片、人工智能和智能手机领域研究的人员，很少有合作的机会。然而，我们都必须去面对这些极其复杂并且互补的系统。缩小它们之间的知识差距，可以为个人福祉和公共利益带来丰厚的回报。

也许，我们合作轻松愉快的部分原因在于，这也是一次跨文化合作——一名爱尔兰裔加拿大人和一名埃及裔加拿大人之间的合作。

我要感谢我的家人和朋友，他们耐心并且支持我，听我谈论这本书，始终为我提供急需的鼓励和建议。

我要感谢我的朋友和一直以来的编辑波林·芬奇（Pauline Finch），感谢她的耐心及其所做的出色工作。

我还要深深感激劳特利奇（Routledge）的优秀团队，尤其是兰迪·斯拉克（Randi Slack）和露西·麦克卢恩（Lucy McClune）。

目　录

Chapter I 第 1 章

引　言
Introduction

根据总部位于纽约的市场研究机构"统计学家"(Statista)的数据，现如今（2023 年），全球智能手机用户数量已经达到**69.2 亿**，占总人口的 85.95％。而在全球 30 岁以下的群体中，94％的人拥有智能手机。这些数字令人惊叹——而且未来只会继续增长。

我们如何帮助这些年轻人利用他们触手可及的技术选择更明智的生活方式？如何通过提升对于真实智慧（Real Intelligence，RI）和人工智能（Artificial Intelligence，AI）的认知，帮助他们在人生道路上迈向心理、精神和身体更加健康的晚年生活？

智能手机配备了智能传感器，如摄像头、内置扬声器和麦克风。我们这些老年人**能够不需要向我们的孙辈求助**，就知道如何充分利用它们吗？

同样地，我们的大脑与心智连接（brain-mind connection）也依赖智能传感器来完成视觉、听觉、嗅觉、味觉、触觉和言语等功能。我们人类的处理能力远强于当今最先进的人工智能，并且精确度更高。但我们是否足够了解这些功能的运作原理，或者说，如何最好地保护它们呢？

我们人类的各种感官应该更频繁、更有意识地使用，以增强我们的真实智慧和大脑与心智连接，更不用说锻炼与之相关的记忆能力了。将这些令人惊叹的感官功能添加到智能手机中理论上是可能的，但却是一项极其昂贵的尝试，而且无法保证能够完全复制我们人类生来就有幸拥有的东西。

然而，计算机科学家和微芯片专家在过去 80 年间孜孜不倦地努力，成功在智能设备中模拟出一系列类似人类大脑与心智连接的功能。事实上，我们已经迈入了一个在人类历史上前所未有的技术创新时代——**前所未有！**

如今，我们可以用智能手机在任何时间、任何地点进行交流，无论是通过短信、电子邮件、语音条、照片，还是实时的全语音和/或全彩视频设置。

如今，我们可以在线教授和学习任何内容，从音乐到数学再到烹饪……任何你能够想到的学科都可以。

我们可以为偏远地区提供实时的在线医疗服务，这些地区通常难以有医生、护士或者其他医疗专业人员（包括心理健康治疗师）到达现场。我们甚至可以逐秒监测大脑和/或心脏功能，并且将数据发送给远程的专家进行分析。

我们大部分的需求品可以在线购买并且支付费用，然后购买的商品会送到家门口。近年来，在全球很多人都学会了这种购物方式，并且由于其快捷和便利的特点而持续使用至今。

除了在家在线工作或者学习之外，我们还可以参与许多虚拟的娱乐和自我护理活动，如参加音乐会、正念冥想、瑜伽课程、读书俱乐部、技能培训班、音乐或者语言课程以及教堂礼拜等。

每一代新技术都以**更低的单功能成本**为我们带来这些机会——这是一个前所未有的惊人成就。

现在，只有现在，我们才能够真正实现全面循环。例如，我们可以通过向人工智能学习如何发展我们的真实智慧关联记忆，并且通过恢复性的生活方式选择来维持这些记忆，从而找到更多更好的方法来减缓阿尔茨海默病带来的退化过程。

随着现有支持性知识的不断增加，我们不再需要等待神经科学实验室提供完整的证据，毕竟，是否会有一个我们可以称为"完整"的研究也尚未可知。第 7 章"健康老龄化——一份旅行指南"探讨了如何通过一些方法来增强并且刷新我们的脑功能，其中包括一个简单的实践——**午睡**。这个长期被忽视甚至嘲笑的习惯，如今却不再被轻视！

我们是否已经到了这样一个阶段：可以从人工智能中借用预编程和操作系统等概念来补充对于人类行为的理解，并且寻找治疗精神疾病的新方法？这种潜力令人充满期待。

但人类不是机器，无论是生物意义上的还是其他形式的。我们更适合被描述为多维存在体，拥有相互连接甚至相互依赖的身体、心理、情感和精神层面。这种理解进一步强调了将"身体之外"（第 6 章）的元素融入我们生活的重要性——包括正念和精神生活，以增强我们的真实智慧，并且促进大脑与心智连接，更好地促进我们的身心健康。

人类受到遗传、成长环境和生活方式等因素的影响。对于前两者，我们几乎无法掌控，但通过明智且积极的选择，我们可以显著影响生活方式。本书帮助我们识别其中的一些因素，同时欢迎读者分享自己的想法和经验。

本书通过缩小智能手机、人工智能、微芯片与人类真实智慧、"身体之外"的元素、整体的大脑与心智连接之间的知识差距，探讨了一个日益重要的跨学科主题。

本书是第一本面向非专业人士，以简明易懂的形式汇集了数百名计算机科学家、人工智能开发者、微芯片专家、生物学家、神经学家、心理学家以及正念实践者等 80 年研究成果的著作。

研究人工智能和微芯片本身就是一个难题，而研究真实智慧、人类大脑、人类心智及其复杂的连接则更加困难。对于人工智能和微芯片，我们知道它们的工作原理，因为它们就是我们设计的。但人类自身的设计仍然充满着许多未解之谜，我们或许永远无法**完全**了解自身的运行机制！

第 2 章"微芯片解析"和第 3 章"人工智能与真实智慧"涉及基础的科学内容，面向普通读者而非专家撰写。专业术语的定义列在术语表中。

人类的大脑与心智以完全功能性的状态赋予我们，不需要组装或者预编程。然而，到目前为止，我们无法向其设计者提出任何技术问题，更不用说获得有用的回答。因此，我们只能够依赖自身与生俱来的能力进行观察和实验，而这些实验本身也受限于不得伤害研究对象的原则。

将大脑与心智连接视为一个软硬件系统进行研究，带来了许多令人兴奋的新概念，如预编程、关联记忆，以及用于在不同层级（从单个细胞到完整器官）管理身体功能的操作系统。对于记忆及其功能的重写研究可能为癌症、精神疾病以及帕金森病和阿尔茨海默病等神经退行性疾病提供全新的治疗理念。

尽管大脑与心智可以类比为一个软硬件系统,但这并不意味着对于其无法进行整体的研究。相反,基于证据的正念和精神生活是有意义研究的重要组成部分。

在第 4 章、第 5 章和第 6 章中,本书探讨了最新的大脑与心智的研究,包括它们之间复杂而迷人的联系。

第 7 章专注于健康老龄化,这一议题的重要性堪比气候变化,却没有能够获得同等的关注,也没有得到同样水平的政治资本投入。

◆ 跨学科的大脑与心智连接并不是一门新的科学

1975 年,威廉・芬德尔(William Feindel,1918—2014),医学博士、哲学博士,麦吉尔大学神经外科教授兼蒙特利尔神经研究所所长,在同事怀尔德・彭菲尔德(Wilder Penfield)博士的著作《心智之谜:对于意识与人类大脑的批判性研究》(*Mystery of the Mind: A Critical Study of Consciousness and the Human Brain*,1975)的序言中写道:

> 或许在科学史上,从没有像现在这样对于大脑及其功能,以及这些功能与人类行为之间的关系表现出如此广泛的兴趣。由于显而易见的重要原因,这一主题一直是神经学家、神经外科医生和精神科医生关注的焦点。多年来,关于大脑的研究还吸引了接受解剖学、生理学、病理学以及其他生物学科

训练的科学家的关注。近年来，越来越多来自数学、物理学、化学、电子学和计算机科学等领域的智力移民（intellectual émigrés）为神经科学领域的激动人心的研究注入了新的动力。

芬德尔教授的言论被证明是具有前瞻性的。如今，在 2023 年，《我心：人工智能与真实智慧的边界》可以作为微芯片专家、人工智能开发者和正念实践者加入他的研究资源列表中。

◈ 用人工智能的语言解释真实智慧

现在，让我们首先探讨如何通过婴儿的大脑与心智连接的预编程功能来理解人工智能的语言。

母亲子宫中的胎儿已经拥有一个正在发育的大脑与心智系统。为了顺利发育至足月，胎儿的大脑被预编程以协调诸如呼吸、血压、心律和消化等重要功能。如果这些功能中的任何一个出现故障，胎儿可能会面临生命危险。

为了在母亲的子宫外生存，婴儿的大脑也被预编程，能够通过听母亲的声音、闻母乳的气味、尝母乳的味道，甚至触碰母亲的皮肤来识别母亲。由于新生儿的视力极弱并且无法聚焦，大脑中预编程的面部识别算法尚未被激活。

但是，婴儿很快学会了寻找乳头、用嘴衔住、吸吮和吞咽的技能，从而使得身体能够开始复杂的非自主性消化过程，并且在此之后进行排泄。即便没有语言，婴儿仍然可以通过哭泣来有效地表达饥饿、疼痛或者尿布湿了的不适感。

尽管婴儿的大脑已经在为其在子宫外的生存做出非凡的努力，但成熟的大脑与心智的巨大能力还需要很长时间才能够完全展现。

在这个阶段，如果母亲被新的照护者替代，婴儿可能会根据其预编程的生存算法，接受或者拒绝来自不同来源的乳汁或者营养。

当婴儿能够看见时，大脑中的识别算法被激活，母亲的面孔也被纳入识别范围。如果此时有陌生面孔接近婴儿，其"哭泣算法"可能会被激活。

在某个阶段，正在成长的婴儿会通过监督学习和无监督学习算法来激活听觉和发声功能，同时学会伸手抓取物品，以及在学习走路时掌握平衡。婴儿成长为能够蹒跚学步的孩子时，如爱、喜悦、恐惧和憎恨等情感也被逐步激活；随后开始对于自我和周围环境的认知，以及模仿、尝试等行为的发展。

假设婴儿要独自在荒岛上生存，那么他将后天获得的技能或者"应用程序"（App）添加到预编程的大脑与心智中的能力将受到很大限制；但理论上，这个孩子可以通过适应周围环境和条件来生存，就像有人类帮助的孩子一样。因此，后天获得或者激活的"应用程序"的数量及其复杂性取决于成长环境和所处的外部条件。

如果快进到成年阶段，我们会发现，成熟的人类大脑会根据特定的刺激激活预编程的"应用程序"或者添加新的"应用程序"。而这正是人类大脑与心智和微芯片以及人工智能技术之间差距进一步拉大的地方。

大脑与心智的一个重要的刺激来源是我们共同意识到人类不可避免地会死亡。另一个刺激则是，有且只有人类能够直接承担自身物种延续的责任。

人类大脑与心智复杂性的另一个层面在于，我们由不断死亡并且需要替换的活细胞组成。因此，一切都依赖于一个名为"身体"的制造工厂，它不仅需要为自身提供执行运动功能的能量，还必须为大脑与心智提供养分。

作为回报，身体由大脑与心智的预编程"应用程序"控制。然而，无论好坏，人类可以覆写这些"应用程序"，尽管这样做可能会对自身造成伤害。

想一想使得我们的消化系统能够从食物中提取营养的预编程功能。

消化从口腔开始，依赖我们的牙齿、舌头和唾液。如果我们没有充分咀嚼食物，负责在胃和肠中继续消化的"应用程序"将无法最佳地发挥作用，身体也会因此受损。大脑与心智可能会在一段时间内容忍这种情况，但如果这种不良行为持续下去，就可能造成永久性损害。

食物进入胃部后，依次通过小肠和大肠，在此过程中废物被收集，在大约六小时后被排出体外。

即使我们几乎没有察觉，这一系列事件的软硬件协调过程依然非常复杂。因此，必须让算法按照其预设功能正常运行而不受干扰。否则，可能会导致并发症，甚至危及生命。

◆ 逆向工程：大脑与心智连接解析

以下是一些可能有助于理解和逆向解析我们大脑与心智连接的笔记，它们没有特定的顺序。

1. 智能手机和其他人工智能设备中的信息通过电信号传输，而在人类大脑与心智中，信息则通过电信号和化学信号传递。

2. 我们的大脑与心智包含与内容相关的记忆，这些记忆依赖于具体内容，而智能手机和人工智能的记忆主要是随机存储并且是随机访问的。

此外，智能手机的设计者和/或用户能够准确知道其存储位置。对于人类大脑来说，其确切的记忆位置只有原始设计者清楚，而用户和/或研究者只能够模糊地了解。人类的记忆是非易失性的，也就是说，不会被轻易抹除；而智能手机的记忆内容可以随意保存或者删除。智能手机或者人工智能的记忆在理论上是无限的，而人类大脑与心智的记忆是有限的，但其设计更注重优化。

智能手机的信息存储在内存芯片上，而人类大脑则将信息存储在细胞之间的连接中。后者使得大脑与心智在有限的空间内具有非常高的存储容量——这是一个不容易被轻易模仿的工程奇迹。

3. 人类的大脑与心智在自然界的模拟领域中运作，而智能手机则必须在数字领域中工作。依赖模数转换和数模转换设备会导致精度下降和能耗增加。

4. 大脑在人体颅骨的三维空间内进行物理运作，而智能手机只能够利用微芯片所提供的二维空间。

5. 在智能手机等人工智能设备中，所有操作都依赖于一个同步时钟，而人类大脑与心智的运作则是基于异步的事件驱动。设计一个异步微芯片系统几乎是不可能的。

6. 目前智能手机的使用寿命大约为 10 年，而健康人体内的健康大脑与心智可以持续运作 100 年甚至更久。此外，与智能手机或者人工智能相比，人类的操作系统在全效运作时所需要的能量要少得多。

7. 由于人手不足，目前医疗系统强调降低成本，这常常导致医生与患者——尤其是有心理健康问题的患者——交流时间不足。患者及其家人不得不承担更多自我学习的责任。

8. 在研究诸如人类大脑与心智这样的复杂学科时，必须思考我们所说的科学和科学研究的含义，以及我们所采用的研究方法产生的影响。

如果我们所说的"科学"是指传统的经验领域，如物理学和化学（通常被称为"硬科学"，因为它们涉及可以测量和可以计算的实体），那么这显然与行为科学、政治科学、社会科学、精神科学等领域不同。这些领域更多依赖于定性、观察和经验性的信息，有时甚至取代了定量和数值数据。

然而，这两个广泛领域的共同点在于理论的构建与应用、基于事实的支持性证据、实验、观察、建模、分析以及相关性研究。新的研究成果必须被该领域的大多数公认专家接受，但不一定需要获得所有专家的认同，更不需要被通常无法获取全部决策数据的公众接受。

在研究人类大脑与心智和机器（如智能手机和其他由微芯片和人工智能驱动的设备）时，了解这些差异和共性至关重要。在研究后者时，我们通常不需要直接将精神科学纳入研究，除非是在探讨人工智能使用的道德问题时。

然而，在探究人类大脑与心智时，我们不能够忽视与生活信念和精神生活相关的科学，否则将导致我们的研究失去一些重要而独特的元素。

作为一般的研究原则，系统的复杂性越高，我们需要借鉴的科学领域就越多。而这正是跨学科研究无可替代的价值所在。

在研究人工智能和微芯片时，只需要使用数学科学及其紧密相关的物理学和化学即可。而对于研究大脑与心智这一复杂性最高的系统，我们必须借助数学、物理学、化学、生物学、生理学、行为科学、心理学、社会科学、环境科学、精神科学、哲学等多个领域的科学，一幅交织而成的科学图景才能够全面呈现。

◆ 启迪好奇的年轻心智

重新引入博学家的研究方法到学术领域，或许能够帮助未来一代更全面地理解人类的大脑与心智。在"过去的美好时光"里，一位大学教授不仅是个博学家（在多个学科、语言和技能上拥有高深的知识），还常常是一名艺术家、诗人、音乐家等。过去，学界更多地专注于服务和推动人类的进步，而非单纯培养就业人才。

希望这本书能够传递到年轻人的手中并且触动他们的心智，也许能够激励一些人接受博学家的学习方法。同时，希望大学能够重新引入或者保留那些内容广泛却充满启发性的学位课程，以恢复高等教育应有的地位。

托马斯·杨（Thomas Young，1773—1829）是英国的一位博学家，在 20 岁时便掌握了法语、意大利语、希伯来语、阿拉伯语、波斯语、土耳其语等多种语言。26 岁时，他成为皇家学院自然哲学教授，讲授声学、光学、引力学、天文学、热学、电学、气候学、动物学、植物学、水动力学、音乐理论以及埃及象形文字等内容。这种全才的多面性在今天几乎闻所未闻。事实上，安德鲁·罗宾逊（Andrew Robinson）在 2007 年的一部杨的传记中将之称为"最后一个无所不知的人"。

另一位著名的博学家是爱尔兰主教乔治·贝克莱（George Berkeley，1685—1753）。他提出了非物质主义理论，并且出版了《视觉新论》①（*Eassy towards a New Theory of Vision*）。在书中，他主张大脑通过将所有感官接收到的信号与记忆中已有的图像进行关联来解释眼睛所看到的事物。

偶然的发现依然是好的发现。英国化学家威廉·佩尔金（William Perkin，1838—1907）在学生时代尝试合成奎宁——一种用于治疗疟疾的天然抗寄生虫药物时，意外发现了第一种合成染料，这是一种被称为苯胺紫或者木槿紫的染料。

进入我们这个时代，安迪·格鲁夫（Andrew Grove，1936—2016）博士是一位工程师、物理学家、学者和商人，他因为联合创立英特尔这一全球最大（并且仍然领先）的微芯片制造商，将微芯片带入大规模生产而广受赞誉。

格鲁夫撰写了多本该领域的经典教科书和参考书，包括《半导体器件的物理与技术》（*Physics and Technology of Semiconductor Devices*，1967）和《格鲁夫给经理人的第一课》②（*High Output Management*，1985）。2001 年，他在自传《游向彼岸：安迪·格鲁

---

① 本书中文版参见：商务印书馆，1957。
② 本书中文版参见：中信出版社，2021。

夫自传》[1]（*Swimming Across: A Memoir*）中讲述了自己的个人经历，回忆了他作为一名 21 岁的犹太青年，于 1957 年从出生地匈牙利移民到美国前后的生活。

我很荣幸有他的这本《半导体器件的物理与技术》，这本书是我 1968—1974 年在渥太华大学攻读博士学位期间的重要参考材料。我同样高度重视格鲁夫博士的第二本书，因为我在滑铁卢大学管理了一个全球最大规模的微芯片研究团队，时间长达 40 年。此外，我对于他的回忆录深有共鸣，因为它让我想起自己作为一名 24 岁的阿拉伯青年从埃及来到加拿大的经历。

目标与实现目标所使用的能力之间是有区别的。以增进人类福祉以及惠及子孙后代为共同目标，正念和精神生活应当是我们研究方法的组成部分。

这里探讨人类大脑与心智同基于微芯片/人工智能的机器（如计算机和智能手机）之间相似性的类比，希望不仅能够应用于研究，还能够帮助提升公众的知识水平和兴趣。

大约 40 年前，英国科学史学家兼英国广播公司电视节目主持人詹姆斯·伯克（James Burke，1936—　　　）在一部带有动画效果的 1 小时视频中，提出了一个既有趣又富有启发性的类比，将人类的大脑与心智比作一家五星级酒店。这部视频名为《神经元套房》（*The Neuron Suite*）。我强烈推荐这部作品，它目前仍然可以在视频网站上观看。

表 1.1 展示了本书探讨的四个系统——人工智能、微芯片、大脑、心智——的复杂性层级，并且为比较它们，赋予了它们对于

---

[1]　本书中文版参见：中信出版社，2022。

人类福祉贡献的价值。同时，该表还列出了研究每个系统所需要的科学领域。

表1.1　各系统的复杂性层级、所需要的学科与价值

系　统	复杂性	学　科	价　值
1. 人工智能	人工智能元素 101	数学科学 101	100
	人工智能系统 102	数学科学 102	1,000
2. 微芯片	微芯片元素 201	物理学 201 化　学 201	10,000
	微芯片系统 202	物理学 202 化　学 202	100,000
3. 大　脑	大脑细胞 301	生物学 301	1,000,000
	大　脑 302	生物学 302	10,000,000
4. 心　智	心智—你 401	行为科学 401	100,000,000
	心智—我们 402	行为科学 402	1,000,000,000

在每个系统中，复杂性都包含多个层级，这里仅展示两个层级：一个是个体（元素）层级，另一个是多元素（或系统）层级。

多元素或系统层级的复杂性更高，源于以下事实：为了共存并且构建一个系统，一组元素必须具备复杂的互联性、相互依存的规律以及通信协议，尽管这些可能会导致不稳定性、不确定性和混沌行为。

在系统层级上，研究时间、地点和环境的影响比逐一研究个体元素时在预测性能方面显得更加重要。

密歇根大学心理学与计算机科学和工程教授约翰·H. 霍兰（John H. Holland）博士在其著作《复杂性：牛津通识读本》（*Complexity: A Very Short Introduction*，2014）中指出，这些系统中的

任何一个都"表现出一种独特的属性，称为涌现；简而言之，就是整体的作用大于各部分作用之和"。

在元素层级研究和开发人工智能时，我们需要基础级别的数学科学 101；但如果要研究和开发一组人工智能应用程序，则需要相应更高水平的数学科学 102。

同样地，在研究和开发微芯片时，我们除了需要数学科学外，还需要物理学 201 和化学 201，用于研究单个晶体管这一微芯片的主要构建模块；而在更高复杂性的微芯片层级，则需要物理学 202 和化学 202。

要达到人类大脑的层级，我们需要在复杂性层级上更进一步。在前面提到的学科基础上，我们现在需要加入细胞层级的生物学 301，以及大脑系统层级的生物学 302。这些科学学科中的每一门都包含多个分支学科，这进一步增加了整体的复杂性。

现在，我们已经达到了复杂性层级的终极——"你"，作为一个人，拥有独立的心智；以及"我们"，一个由心智组成的群体，存在于家庭、社区、政治结构或者经济团体等之中。在这个层级，我们需要行为科学、社会科学、政治科学，甚至信念、哲学和精神科学等领域的科学来提供帮助。

仅用于讨论目的，如果我们根据复杂性层级（以及在受损情况下的替代成本）附加一个价值，不妨假设最低复杂性层级的单个人工智能应用程序的初始价值为 100，并且每提升一个复杂性层级，价值增加到原来的 10 倍。最终，我们得出细胞层级的大脑价值为 1,000,000，系统层级的大脑价值为 10,000,000，单个人的心智价值为 100,000,000，而一个交互心智系统的价值则达到 **10 亿**。

在如此高的复杂性层级上，我们既需要还原论方法，也需要整体论方法。在这一层面上，我们需要正视正念和精神生活的重要作用——它们对于研究心智都很重要。

 **各章概述**

第 2 章　微芯片解析

> 微芯片上的晶体管数量大约每两年翻一番。
>
> ——摩尔定律，1965

在本章中，我们回顾了微芯片的发展历史，探讨了它们的制造过程，并且分析了微芯片与人类大脑之间的异同。摩尔定律在 60 年后的今天是否仍然适用？

第 3 章　人工智能与真实智慧

> 我们想要的是一台能够从经验中学习的机器。
>
> ——艾伦·图灵（Alan Turing，1912—1954），1947

在本章中，我们探讨了关于人工智能的争议；人工智能的定义，支持人工智能研究的相关科学，真实智慧的含义，以及如何构建一个人工果蝇模型。

第 4 章　大脑与心智连接(第一部分)
第 5 章　大脑与心智连接(第二部分)

心智，即思维、情感、推理等内容，很难被归入物质的范畴。作为一门自然科学，生理学往往对于物质之外的事物保持沉默。

——查尔斯·谢灵顿(Charles Sherrington，1857—1952)爵士，

1932 年诺贝尔生理学或医学奖得主

在这两章中，我们探讨了大脑及其智能传感器、大脑的连接与记忆、解剖结构以及维系其运作的所有元素。

随后，我们探讨更高层次的复杂性——人类心智、真实智慧，以及其运作方式与人工智能应用的不同之处。我们还研究了睡眠、梦境和幽默在心智中的作用——这些都是人工智能无法复制的。

第 6 章　身体之外

真正的宗教是真实的生活，投入全部的心灵和善良。

——阿尔伯特·爱因斯坦(Albert Einstein，1879—1955)，

1921 年诺贝尔物理学奖得主

在本章中，我们回顾了正念和精神生活领域的进展，并且探讨它们如何帮助构建和维持健康的真实智慧以及大脑与心智连接。

第7章　健康老龄化——一份旅行指南

我只有一次生命，也只有一次机会让它变得有意义。

——美国前总统吉米·卡特（Jimmy Carter，1924—2024），

2002 年诺贝尔和平奖得主

本章深入探讨了如何通过更有意识的生活方式选择在个体层面实现健康老龄化，以及在社会层面提倡并实施适老化政策以促进健康老龄化。

第8章　未来——一种平衡的艺术

人类的智慧始于对于自身无知的认识。

——苏格拉底（Socrates，约前 470—前 399），

古希腊哲学家

在本章中，我们基于当前的知识与局限，展望未来 10 到 20 年的发展。

Chapter Ⅱ 第 2 章

微芯片解析
Understanding Microchips

◆ **故事概要**

在我们的数字时代，微芯片主导了众多电子应用，数十亿人能够使用移动智能手机全天候进行计算和通信，而**每项功能**的成本相比不到前一代人而言已经大幅降低，仅为当时的一小部分。

这一切无疑是一个现代奇迹，其壮观程度堪比摩西分开红海的传说。

然而，与传说中的奇迹不同，这一技术奇迹并非单独完成，它是由九位非凡人物的才华与创新共同促成的。

其中三位是现代计算机架构的先驱，推动了 20 世纪的"信息革命"；三位发现了晶体管，这是电子微型化的祖先；还有三位开发出了数以十亿计的量产晶体管的方法，从而催生了微芯片这一 21 世纪最重要的技术产业。

早在 1945 年，约翰·冯·诺依曼（John von Neumann，1903—1957）首次提出，计算机的基本架构必须包括处理器、内存、输入设备和输出设备。在过去的 70 年里，计算机工程与科学的学生一直学习基于冯·诺依曼方法的数字信息架构。

艾伦·图灵被公认为第一位提出人类大脑可以被视为一台计算机的科学家。为了验证他的理论，他构建了标志性的"图灵机"，以模拟大脑的记忆和反应功能。

克劳德·香农（Claude Shannon，1916—2001）以数学方式建立了信息理论的基本原理，为微芯片内外的数字通信渠道设计提供了支持。

在这些开创性先驱之后，我们向以下三位科学家致敬，他们发现了一种微型半导体开关，如今被普遍称为晶体管。

威廉·肖克利（William Shockley，1910—1989）、约翰·巴丁（John Bardeen，1908—1991）和沃尔特·布拉顿（Walter Brattain，1902—1987）凭借"他们在半导体研究及晶体管效应发现方面的贡献"共同获得了 1956 年诺贝尔物理学奖。

然而，如果没有接下来这三位卓越人物的贡献，晶体管可能仍然停留在科学家和工程师的研究领域，而未被广泛应用。

1968 年，安迪·格鲁夫、罗伯特·诺伊斯（Robert Noyce，1927—1990）和戈登·摩尔（Gordon Moore，1929—2023）共同创立了英特尔［Intel，全称为 Integrated Electronics（集成电子）］公司，该公司迅速成为全球领先的微芯片制造商，并且一直保持这一地位。无数家用和办公电脑上都贴有熟悉的"Intel Inside"（内置英特尔芯片）标签，证明其采用了正宗的组件。

这九位伟人的生平已经成为众多图书的主题，其中以下几本最为知名。

•《来自未来的人：约翰·冯·诺依曼传》①（*The Man from the Future: The Visionary Life of John von Neumann*），阿南约·巴塔查里亚（Ananyo Bhattacharya，2022）著。

•《图灵的大教堂：数字宇宙的起源》（*Turing's Cathedral: The Origins of the Digital Universe*），乔治·戴森（George Dyson，2012）著。

•《游戏中的心智：克劳德·香农如何创造信息时代》（*A Mind at Play: How Claude Shannon Invented the Information Age*），吉米·索尼和罗布·古德曼（Jimmy Soni & Rob Goodman，2017）著。

•《破碎的天才：电子时代创造者威廉·肖克利的兴衰》（*Broken Genius: The Rise and Fall of William Shockley, the Creator of the Electronic Age*），乔尔·N. 舒尔金（Joel N. Shurkin，2006）著。

•《三位一体：英特尔传奇》②（*The Intel Trinity: How Robert Noyce, Gordon Moore, and Andy Grove Built the World's Most Important Company*），迈克尔·S. 马龙（Michael S. Malone，2014）著。

◆ 我们不是在发明，而是在发现

"毫无疑问，最低等的人类心智与最高等的动物心智之间的差异也是巨大的，"查尔斯·达尔文（Charles Darwin，1809—1882）在

---

① 本书中文版参见：中信出版社，2023。
② 本书中文版参见：浙江人民出版社，2015。

1859 年说道，"人类或许可以为自己攀升至有机体等级的顶端而感到一丝骄傲，尽管这并非完全依靠自身的努力。他们是通过攀升而非原本就被置于此处这一事实，或许能够让他们对于遥远未来一个更高的命运怀有希望。"

不到 200 年后，达尔文在 1859 年所希望的遥远未来已经到来，而他曾经设想的一些特征如今已经成为现实，如先进的微芯片技术及其在人工智能应用程序和智能手机中的应用。

如今的年轻人使用智能手机的熟练程度远超他们的父母，但除了爱因斯坦和达尔文之外，他们对于其他伟大的科学家知之甚少。

安迪·格鲁夫鼓舞人心的生平故事，记录在他那本感人至深的回忆录《游向彼岸》中，这本书的内容完全可以成为一部电影的灵感来源。他于 20 世纪 30 年代出生在匈牙利布达佩斯的一个中产阶级犹太家庭，经历了纳粹占领的二战磨难后，他的家庭又不得不忍受一连串压迫性的事件。

1956 年，年仅 20 岁的安迪·格鲁夫抵达美国，此后，于 1963 年获得了博士学位。

四年后，格鲁夫在担任飞兆半导体（Fairchild Semiconductor）研究与开发实验室表面与器件物理部门负责人以及加州大学伯克利分校讲师期间，撰写了重要的大学教材《半导体器件的物理与技术》。

1968 年，他离开飞兆半导体，与另外两人共同创立了英特尔。随后，他撰写了畅销书《格鲁夫给经理人的第一课》(1985)，阐述了他在英特尔的管理风格，以及如何将英特尔从一家硅谷初创公司发展为国际微芯片制造巨头。

你知道吗？　**Did you know?**

没有微芯片这一运行在所有计算和通信设备中的应用程序的硬件，我们将无法拥有智能手机或者任何便携设备。更重要的是，我们根本不可能拥有人工智能。

◆ 英特尔

英特尔的戈登·摩尔在 1965 年做出了一个历史性的预测——被称为"摩尔定律"——单个微芯片上的晶体管数量每 18—24 个月将翻一番，从而使得整台计算机可以在一块芯片上设计和制造。

通过减小晶体管的尺寸以及它们之间的距离，单个微芯片上晶体管的数量实现了增加。这种微型化的提升使得每个芯片能够容纳更多的处理功能，同时由于电信号传输距离的缩短，进一步加快了芯片的运行速度。

然而，更高的处理速度带来了两个严重问题。第一个问题是，在不断缩小的空间内，功率耗散的增加导致了过多的热量，这需要使用风扇来冷却微芯片——对于像智能手机这样的移动设备来说，这显然不是一个好主意。

第二个问题是，微芯片需要更高的能量才能够运行，因此需要频繁充电——这对于电池供电的手机来说同样不是一个好主意。

但这两个问题最终通过创新的电路和系统技术得以克服。对于此，应当归功于过去 50 年来加拿大安大略省滑铁卢大学的穆罕默德·埃尔马斯里教授(本书作者)及其才华横溢的研究生团队。

在极短的时间内，微芯片上晶体管之间的物理距离从 10 微米迅速减少到 1 微米，再到 0.01 微米，相当于人类头发直径的千分之一。

在其发展历程中，英特尔一直是高科技企业的典范，不仅专注于制造，还在研究领域投入巨资。英特尔不断进步的理念被其座右铭"快者生存"(Quick or Dead)精准概括。

当一家名为超威半导体(Advanced Micro Devices，AMD，成立于 1969 年)的竞争初创公司通过推出一款新的微处理器芯片挑战英特尔的市场份额时，英特尔前董事长兼首席执行官克雷格·巴雷特(Craig Barrett，1939—　　　)向全体员工发出了一份简短的手写便笺道："我们绝不会再让这种事情发生。"

1997 年，英特尔发布了一款全新的微芯片，其晶体管数量在仅 9 个月内就翻了一番，打破了摩尔定律！

在英特尔的引领下，微芯片行业树立了全球的金标准：这在工业历史上是第一次，证明了每一代新的微芯片在每项功能上的成本都会更低。

毫不意外，英特尔成为推动力量，将旧金山以南约 100 千米的一片土地(曾被称为"美国李子之都")转变为标志性的硅谷——这里汇聚了全球最密集的微芯片、智能手机、软件和电子产业。

硅谷的声名鹊起和家喻户晓可以追溯到 1954 年，当时晶体管先驱威廉·肖克利从东海岸的贝尔实验室搬到加利福尼亚州的帕洛阿尔托，制造他的新型半导体器件。在那里，他创立了飞兆半导体公司，这家公司是英特尔的直接前身。

　　然而，硅谷作为众多高科技公司孵化器的最终成功，归功于斯坦福大学著名电子学教授弗雷德里克·特尔曼（Frederick Terman，1900—1982）博士。特尔曼于 1924 年获得麻省理工学院的博士学位。他于 1944—1958 年担任斯坦福大学工程学院院长，又在 1955—1965 年期间担任斯坦福大学常务副校长。

　　早在 1938 年，特尔曼就鼓励两位有前途的研究生威廉·休利特（William Hewlett）和戴维·帕卡德（David Packard）创立一家公司，用于生产和销售他们在特尔曼指导下设计的一种电子振荡器。从一个只能够容纳一辆车的车库开始，一个巨头——惠普（Hewlett-Packard）公司诞生了。

　　弗雷德里克·特尔曼对于微电子产业的另一重要贡献是 1951 年创立的斯坦福研究园（The Stanford Research Park）。这是斯坦福大学与加利福尼亚州帕洛阿尔托市之间首次进行的创新合作。加拿大滑铁卢大学和滑铁卢市则是加拿大首个采用特尔曼这一模式的地方。

　　滑铁卢大学荣休教授、本书作者穆罕默德·埃尔马斯里博士有幸结识了特尔曼，并且得到了特尔曼对于其研究的赞誉。埃尔马斯里在开罗大学攻读本科（1960—1965 年）以及后来在渥太华大学攻读博士（1968—1974 年）期间，都使用过特尔曼的经典微电子学教材。

 微芯片是如何制造的？

　　那么，微芯片究竟是如何制造的？为什么它们如此重要？答案涉及两个复杂的领域——微芯片的设计和制造过程。

　　这两个方面都基于先进的科学和工程技术，都很难成功完成，并且都需要该领域内高素质的专业人才。毫不夸张地说，这种努力和技术水平堪比将人类送上月球！

　　要建立一个微芯片设计设施，不仅需要卓越的人才，还需要足够的资本来吸引这些人才。此外，还需要购置先进的计算机辅助设计（CAD）软件，以协助设计师完成高度精细且复杂的工作。微芯片设计师必须了解他们所设计应用的各个方面以及相关学科，这涉及非常广泛的技能和经验。

　　例如，应用任务可能是一个为阿拉伯语设计文本转语音处理器（阿拉伯语是数字化处理最困难的语言之一），一个用于机场或其他多种安全敏感场所的面部图像识别系统，一台通用计算机，或者一个高密度、快速访问的存储设备。

　　除了支付一支由工程师、技术人员、操作员、行政人员和支持人员组成的庞大团队的薪酬外，还需要数十亿美元的投资用于购买制造设备。

　　这就是许多国家，如埃及和加拿大，虽然拥有先进的微芯片技术设计中心，但在实际的商业化制造设施方面却相对较少的原因。

 现实真相　Real-world fact

　　制造微芯片的初始资本成本大约是其设计费用的 1000 倍。

自建晶圆厂还是无晶圆厂，这是一个问题！

一些大型电信公司，如高通公司（Qualcomm，1985 年成立于美国加利福尼亚州圣迭戈），选择不自建微芯片制造设施，因此被称为"无晶圆厂"公司，因为它们专注于设计和销售组件，但将制造外包。其他科技巨头如三星（Samsung）则属于"有晶圆厂"公司，拥有自己的设计和制造设施，所有业务均在同一公司内部完成。

2022 年（最新可用数据），微芯片的两个主要应用领域，首先是逻辑功能（包括微处理器），占 23％的应用；其次是存储芯片，占 22％。在消费市场（即你我购买设备的领域），基于微芯片的前两大产品分别是计算机，占 32％；通信设备紧随其后，占 31％。

林子证（Peter Lim Tze Cheng）在其 2022 年出版的《我从半导体和 EMS 学会的事：我对行业的看法分享》（*What I Learnt about Semicon and EMS: A Sharing of My Views on the Industry*）一书中，提供了对于微芯片和电子制造服务行业的出色概述。EMS 指电子制造服务，即为智能手机等设备制造终端产品部件的公司。

微芯片分为两种类型。第一种包括通用微芯片和存储微芯片，用于制造计算或者通信系统。

第二种是专用微芯片，旨在执行非常特定并且通常复杂的任务，如将语音转换为文本，或者将文本转换为语音。

微芯片设计

微芯片的设计始于明确其预期功能，因为最终产品必须回答一个现实问题：**这块微芯片应当完成什么任务？**接下来，设计师需要了解微芯片将采用的制造技术，包括该技术的所有优势及其潜在劣势。

一旦这些参数确定，实际的设计过程便开始设定微芯片的运行速度。速度越快越好，因为更高的速度可以使得微芯片在更短的时间内完成更多任务。

下一步是计算芯片的能量需求。能耗越低越好，因为能量消耗直接影响像智能手机、平板电脑和笔记本电脑等移动或者便携设备的电池充电频率。

第三个关键的设计标准是评估微芯片散发的热量功率的大小。同样，功率越小越好，这将决定设备内是否需要配备散热风扇，以使得微芯片保持足够的冷却，从而高效运行。

最后，设计师必须将微芯片排列得尽可能紧凑，以减少物理占用面积，从而降低制造成本。

因此，聪明的设计师必须开发出一款**速度又快、又节能、发热又少、体积又小**的微芯片！在一个微型组件中同时满足这四个标准并非易事。

经过 50 年的发展，并且经历了多代技术演进，微芯片设计不断取得进步。微芯片不仅变得更快速、更节能、发热更少、体积更小，而且也更加复杂，能够执行比以往更多、更专业的功能。

但是——重要的就是这个"但是"——优化功能的概念存在理论上的极限。而这一极限早就已经在人类大脑的设计中被完美实现。你明白我们的方向了吗？

有了这个背景，让我们回到微芯片的故事。设计完成后，微芯片究竟是如何制造的呢？

现实真相　Real-world fact

由硅制成的微芯片的容量正接近其物理极限。

 硅时代

要讲述这一部分的故事，我们必须从当前的硅时代倒回到早期的铁器时代。

我们或许会认为铁是主导火车和桥梁时代的金属，特别是 19 世纪维多利亚时期英国工程师的许多铁制建筑和基础设施经受住了时间的考验。然而，最早的铁制工具可追溯至公元前 3500 年左右的埃及墓葬，这远远早于公元前 1200—前 600 年的这一公认的铁器时代开始时间。

如今的微芯片制造商高度依赖硅。这是一种功能极多的元素，自地球形成以来就已大量存在。

硅作为一种晶体固体，存在于黏土、花岗岩、石英和沙子中，是一种天然的半导体。硅于 1854 年被确认为一种独立元素，是首个广泛用于晶体管制造的元素。当硅被氧化为玻璃时，它是良好的绝缘体。事实上，古埃及人曾将含硅的岩石和沙子氧化，用来制造装饰性的玻璃珠。

在元素周期表中，硅的原子序数为 14。碳、锗与硅属于同一族。

如今，硅主要从沙子中大量提取，并且需要经过纯化处理，才能够用于微芯片制造。这一不断发展的行业的市场价值预计到2030年将超过1万亿美元。

 科研前沿　In research

　　科学家们已经在探索如何制造非硅基微芯片，其中包括对于生物材料的研究。

 微芯片出现之前的生活是怎样的？

真空管由 J. A. 弗莱明（J. A. Fleming）于1904年发明，在微芯片时代到来之前，它们被用于制造第一批广泛使用的电子设备，包括收音机、电视和计算机。微芯片将电子技术转变为微电子技术，并且使得移动设备成为可能。

微芯片通过控制电子在固体中的流动来实现功能，而真空管则控制电子在密封容器中的流动，类似于白炽灯泡。真空管体积庞大，发热量大，不适合微型化，并且使用寿命远短于固态器件。

微芯片——供应链

微芯片生产的第一个供应链环节是将沙子中的天然二氧化硅转化为超纯单晶硅，这一步至关重要。最终形成厚度约700微米、直径为15—30厘米的极薄硅片。

尽管提供这些硅片的供应商相对较少，但它们都是行业中的重要参与者。

制造微芯片是一个极其精密的过程，因此必须在洁净的空气环境中进行，其洁净程度甚至超过最先进的医院手术室。

某种微芯片的设计信息会精确重复上百次以生产出最终产品。即使是最微小的灰尘颗粒落在一块硅片上，也会导致微芯片发生故障。每块硅片可以容纳上百到数千个微芯片。

每块硅片都经过严格测试，以确定合格微芯片与总微芯片数量的比例，这一比例被称为"产量"。为使得制造成本划算，每块硅片的产量必须尽可能高。单个微芯片面积越大，产量就越低。

在硅片上对单个微芯片进行测试是一项复杂的自动化过程。测试完成后，微芯片会从硅片上切割下来，其中合格的芯片根据用途和应用场景进行封装并贴上标签。

◆ 比纯金还贵

微芯片在运送给客户（如智能手机制造商）之前，会经过严格测试。如今，这一令人惊叹的产品已经完成了从原始沙子到功能性微芯片的转变；按重量计算，它们的价值实际上比纯金还要高。

古人对于金的喜爱是众所周知的，因为它是一种美丽的金属，能够抗氧化、抗侵蚀、抗老化。炼金术士尝试将沙子和其他元素转化为黄金，努力了几个世纪，但始终没有成功。古埃及人用黄金制作名人木乃伊的葬礼面具，如标志性的年轻法老图坦卡蒙（Tutankhamun）的面具，来保护他们的面部，希望能够使得其在来世被辨认出来。

 细节特写　Close-up fact

按重量计算，微芯片比最纯的精炼黄金还要昂贵。

人类从石器时代进步到铁器时代，如今生活在硅时代。从约260 万年前人类开始制造工具起，石头是最容易获得且最有效的材料。后来铁被发现，这是一种比人类此前接触到的任何材料都更坚固的元素。

即使在今天，当更坚固的材料已经出现时，我们的语言中仍然保留了以"铁"作为力量象征的短语，如"铁十字勋章""铁娘子""铁幕"等。19 世纪 50 年代，在维多利亚时期土木工程成就的巅峰，人们发现向铁中添加其他元素可以生产出钢，这是一种更坚韧且用途更广泛的结构性建筑材料。21 世纪之初，全球钢铁市场的年价值估计为 5000 亿美元。

◆ 为什么选择硅？

元素周期表于 1869 年推出，包含了科学界已知的所有元素，由国际纯粹与应用化学联合会（IUPAC）负责管理。

例如，菲利普·鲍尔（Philip Ball）在其著作《元素：牛津通识读本》（*The Elements: A Very Short Introduction*，2004）中写道：

硅占据了元素周期表中一个有趣的"无人地带"，在那里，金属（位于左侧）向非金属（位于右侧）过渡……硅并非金属，但它确实能够导电——尽管导电性能较弱。它是一种半导体。

通过添加其他元素，可以稍微提高或者降低硅的导电性。例如，砷原子比硅原子多一个电子，因此向硅中添加砷会增加额外的带负电的电子，从而提高硅的导电性，将其转化为"n 型硅"。

同样，硼原子比硅原子少一个电子。向硅中添加硼会增加电子的缺失，称为"空穴"，这些空穴也可以携带正电荷，因此被称为"p 型硅"。

当 n 型硅原子与 p 型硅原子接触时，它们只能够单方向传导电流，从而形成所谓的"p-n 结二极管"。然而，将硅原子以 n-p-n 或者 p-n-p 的夹层形式排列，则会形成双极晶体管，这是许多微芯片的基本构件。更多案例可参阅穆罕默德·埃尔马斯里撰写的首部相关图书《数字双极集成电路》（*Digital Bipolar Integrated Circuits*，1983）。

◆ 从"大爆炸理论"到"固体能带理论"

当有人要求爱因斯坦用几句话解释相对论时，他回答说这需要三天的时间。他或许还会补充说，如果提问者对于物理和数学没有扎实的理解，他根本无法做到！

像金这样的金属能够轻松导电；二氧化硅（玻璃）是一种绝缘体，无法导电；而硅是一种**半导体**。这三种材料的导电性能在微芯片中发挥了重要作用。导电本质上是电子的运动，因此只有当我们能够影响电子的动能（运动能量）时，导电才有可能发生。

固体的能带理论是量子力学的一部分，为我们提供了一种分析工具，用以计算能够施加多少电场来驱动电子移动。电子在固体中移动的另一种方式是扩散，即从高浓度区域移动到低浓度区域。

有趣的是，固体能带理论指出，固体中的电子可以拥有一系列能量带。这些能量带之间由称为"禁带"的区域隔开，电子无法占据这些区域。当足够多的带负电的电子朝同一方向移动时，结果是在**相反**方向上形成电流。这是因为当电子移动时，它的后方会留下一个空位，称为"空穴"，另一个电子可以填补这个空穴。因此，空穴的移动也会产生电流，并且电子流和空穴流的方向相同。

利用晶体管作为开关或门来控制电路网络中的这些电流（多达数百万个晶体管！）可以实现许多令人惊叹的功能，包括处理和存储信息、传输音视频信号以及执行人工智能算法。

丹麦物理学家尼尔斯·玻尔（Niels Bohr，1885—1962）因发现固体的原子结构而闻名，这对微芯片的设计和制造具有重要价值。他因1922年获得诺贝尔物理学奖而备受推崇。玻尔主要在微芯片领域专家中享有盛誉，而像已故的斯蒂芬·霍金（Stephen Hawking，1942—2018）这样的"大爆炸理论"学者则成为家喻户晓的名人。1965年10月7日，在玻尔80岁生日之际，哥本哈根大学理论物理研究所被更名为"尼尔斯·玻尔研究所"。

◆ 从模拟到数字

我认为自己非常幸运，能够在我认为科技最有趣、最激动人心的时代的黎明之际成长、接受教育，并投身于教学和研究事业。这个时期在整个人类历史上是前所未有的，**绝无仅有**。

我出生于 1943 年，正好比晶体管发现的 1947 年早了四年。

我于 1965 年在开罗大学完成了电气工程本科学位，正值集成电路（IC）发展初期，也是"信息理论"概念首次被正式提出之时。

时机恰到好处：我爱上了集成电路，并决定在加拿大渥太华大学从事这个全新领域的博士研究。博士毕业后，我在渥太华的贝尔北方研究所（Bell Northern Research，BNR）工作，开发用于电信行业的新型集成电路。

1974 年，我来到滑铁卢大学，继续从事数字集成电路和系统的研究，并很快将研究与教学结合起来。在长达 50 年的职业生涯后，我的同行们授予我这一领域的最高荣誉，认可我在集成电路和系统设计方面的杰出贡献。

在此期间，我出版了多部著作和数百篇研究论文，并获得了多项专利。同时，我还承担教学工作，指导和培养了数千名本科生和研究生。

我的一位滑铁卢大学的学生和别人共同创立了滑铁卢的标志性公司——行动研究公司（Research in Motion，RIM），该公司推出了全球首款移动无线设备——黑莓（BlackBerry）。2023 年，黑莓的故事被改编为剧情长片《黑莓传奇》（*BlackBerry*），由马特·约翰逊（Matt Johnson）执导，广受好评。

2023 年，我已年满 80 岁，作为滑铁卢大学计算机工程学的荣休教授，我仍然活跃在研究领域，与我已经毕业的博士及他们的研究生一起开展研究工作。

细节特写　Close-up fact

如今，用于处理和存储数字信息的微芯片数量，已经超过了用于存储模拟信息与进行模拟—数字、数字—模拟转换的微芯片数量之和。

 最初的故事

但我的故事，和其他所有微芯片研究者的故事一样，并非真正始于 20 世纪 60 年代中期。一切都可以追溯到古代，当时人类有三大需求：

1. 交流的需求。
2. 计算的需求。
3. 记录和保存信息的需求。

这三种需求的出现，是在人类找到稳定方法满足饮食、居住以及繁衍的基本需求之后。生存问题解决后，人类开始将注意力转向信息的传递、事务的计算，以及有用知识的记录与保存。

为了交流，人类发展出口头语言，随后又发明了将口语记录为书写符号的方法。随着书面语言的发展，人类得以在远距离传递和接收指令与信息，同时还能够记录重要事件。而为了建造建筑物，他们需要更加专业化，于是发展出数学，从而创造出测量和计算的工具。

　　为了扩大口头交流的传播范围，人们利用如鼓、号角、铃铛或者其他具有远距离声学特性的打击乐器来增强声音。在书写方面，人类最初以烦琐的方式在石头上雕刻或者在泥板上压印，随后发现了如何利用纸莎草制作轻便而耐用的单页。这成为世界上最早的类纸材料之一，使得记录和存储信息变得更加容易和便捷。书写与用于计算角度和距离的机械工具的发明相辅相成，共同推动了信息的传播与保存。

　　所有这些成就都发生在一个模拟世界中。这是因为人类通过类比进行交流、测量和计算，即通过将一件事物与另一件事物进行比较来解释基本或者复杂的概念。

　　即使在我们如今以数字为主的世界中，许多模拟技术的发展仍然为我们所熟知：

1. 有线电话和无线电信号传递的是模拟信息。
2. 留声机唱片和磁带存储的是录制的模拟信息和音乐。
3. 滑尺和算盘是用于计算模拟数学数据的机械。

　　从模拟时代的第一批机械装置到数字设备的电子时代的发展历程，即从公元前 2000 年古埃及使用珠子表示数字功能的手持计算器，到 20 世纪 70 年代初惠普推出的手持电子计算器的发展，保罗·E. 瑟鲁齐（Paul E. Ceruzzi）的《计算简史》（*Computing: A Concise History*，2012）提供了一个良好的概述。作为最新的参考文献，还可参阅多伦·斯沃德（Doron Swade）的《计算史：牛津通识读本》（*The History of Computing: A Very Short Introduction*，

2022）。

1947 年，贝尔实验室的科学家约翰·巴丁和沃尔特·布拉顿在威廉·肖克利的领导下，发现了晶体管这一重大的电子学突破。晶体管是一种可以充当开关的固态器件。这一发现使得三位美国科学家共同获得了 1956 年的诺贝尔物理学奖。

在发现点接触晶体管（开关作用）后，这三人于 1953 年进一步开发了结型场效应晶体管（JFET）。然而，真正加速固态电子学发展的，是 1959 年由贝尔实验室的穆罕默德·"约翰"·阿塔拉（Mohamed "John" Atalla，1924—2009）和姜大元（Dawon Kahng，1931—1992）共同发现的金属氧化物半导体场效应晶体管（MOSFET）。MOSFET 这种晶体管在许多应用中证明了其更高的适用性，因为它们在更广的电流范围内运行效率更高。

大约在同一时期，美国数学家克劳德·香农提出了一种理论，证明如何将模拟信号编码为仅包含 0 和 1 的数字信号，并且能够通过有线（物理）**或者**无线信道精确传输。

将晶体管作为实用开关与香农的数字编码信息理论相结合，标志着一个在人类历史上前所未有的研究时代的诞生。

随后实现的指数级的飞跃发展，得益于杰克·基尔比（Jack Kilby，1923—2005）在德州仪器（Texas Instruments）开发的集成电路。他设计并且获得了首批原型的专利，这一成就使得他赢得了 2000 年的诺贝尔物理学奖。正如其名称所示，集成电路是一项重大突破，因为它能够将完整的电路和系统（而不仅仅是单个晶体管）集成到一个微芯片上。

从单个晶体管在单个芯片上的应用，到短短半代人的时间内，实现数亿个晶体管的近乎无限的潜力，这无疑是巨大的进步。并且，这一领域被赋予了一个新名称——超大规模集成电路（VLSI）。

VLSI 成为本书作者穆罕默德·埃尔马斯里及其滑铁卢大学众多学生的研究热情所在。1980 年，埃尔马斯里在该校创立了 VLSI 与系统研究小组，这一小组成为全球同类研究中规模最大、资金最充裕的团队之一。在 40 多年的时间里，埃尔马斯里的充满活力的团队为 VLSI 技术，尤其是高速低功耗 VLSI 系统的发展做出了重大贡献。正是这些系统使全球数十亿部智能手机每天发送数万亿条消息成为可能。

继杰克·基尔比之后，罗伯特·诺伊斯、戈登·摩尔和安迪·格鲁夫于 1968 年创立了巨头公司英特尔，成功将集成电路实现商业化。他们的故事记录在迈克尔·S. 马龙所著的《三位一体》一书中。

 你知道吗？　Did you know?

金属氧化物半导体晶体管——我们现今微芯片的构建基石——在 70 年前完全不存在。

◆ **将计算机集成到一块芯片上？多么革命性的想法！**

1971 年，英特尔推出了 4004 型号，这是全球首款可商业化的微处理器。随后，一系列功能越来越强大的微处理器相继问世。

全球最大的智能手机公司也开始自行开发微处理器，以满足不断增长的需求。这些超级微芯片与高密度存储芯片相结合，不断推动智能手机新功能和应用的涌现。发展前景呢？几乎无限广阔。

由于智能手机和计算机等数字设备必须与作为模拟存在的人类互动，接口和数字语言转换器的引入迅速变得必要。早期的一些工具包括鼠标，其首个原型由工程师比尔·英格利希（Bill English）于 1964 年基于道格·恩格尔巴特（Doug Engelbart）在 1961 年提出的概念设计制造。随后，触控板成为常见工具，同时引入了A/D（模拟转数字）和 D/A（数字转模拟）信号处理。接着，语音转文字和文字转语音的信号处理技术也相继问世。

然而，尽管有了这些创新，科学家和工程师仍然没有能够成功设计出可处理纯模拟信号的机器，也无法教会人类用数字化的方式交流、书写和思考！

 你知道吗？　Did you know?

第一台由单个微芯片制造的商业计算机被称为微处理器或中央处理器（CPU），由英特尔于 1971 年率先推出。

 VLSI 系统

如前所述，VLSI 微芯片是促成智能手机众多功能的主要技术发展。

这些令人惊叹的微芯片可以容纳数百万个晶体管和其他组件，

从而能够被设计成发射器、接收器、高密度存储器，或独立微处理器。同时，它们可以被封装在越来越小的移动设备中，并且能耗极低、发热量极小，不需要配备散热风扇。

然而，与人类大脑中现有的系统相比，VLSI 微芯片技术令人惊叹的设计能力仍然处于一个相当有限的水平。

如果仅仅说人类大脑的集成水平是多层次的，那就显得过于保守了。人类大脑设计为每秒执行多项计算和通信功能。即使在嘈杂的外部环境中，即使在往往只能够获取近似信息的情况下，它依然能够以非凡的准确性和能源效率运行，并且这种表现能够在普通人的一生或大部分时间持续。

◆ 脑启发大规模集成

这一令人惊叹的比较催生了一个全新的研究领域——脑启发大规模集成（BLSI），一种以大脑为灵感的高能效计算研究。其中一个应用领域是图像处理。在该领域中，信息通过一种称为伯努利序列（Bernoulli Sequence）的随机比特流进行表示。计算以随机（但可测量）的方式在一个概率由随机比特序列表示的域内进行。

关于该主题的一个优秀参考文献是《随机计算：技术与应用》（*Stochastic Computing: Techniques and Applications*，2019），由沃伦·J. 格罗斯（Warren J. Gross）和文森特·C. 戈代特（Vincent C. Gaudet）编辑。

此外，在《电气电子工程师学会神经网络与学习系统汇刊》（*IEEE Transaction on Neural Networks and Learning Systems*）

2003 年 9 月刊中，S. 萨托(S. Sato)等人报道了一种采用随机计算逻辑的新型神经芯片的实现。

由于微芯片设计者必须将晶体管视为电路系统的基本构建单元，因此他们需要深入了解晶体管的物理特性，直至原子层面。如果缺乏这样的理解，只会导致设计失败。同样的细致程度也适用于研究人类大脑。

例如，被誉为"神经科学之父"的牛津大学教授查尔斯·谢灵顿爵士认为，神经反应的生理机制可以从三个主要角度进行研究。在他经典的教科书《神经系统的整合作用》(*The Integrative Action of The Nervous System*，1906)中，这位 1932 年诺贝尔生理学或医学奖得主写道：

> 首先，神经细胞和所有其他细胞一样，过着独立的生活——它们呼吸、吸收营养、释放自身储存的能量、进行自我修复……总之，每个细胞都是一个以自身营养为中心的生命单元。其次，神经细胞展现出一种高度发达的特性，这是它们所独有的：它们具有非凡的能力，可以将内部产生的兴奋状态(神经冲动)在空间上传导。第三个神经反应为生理学家提供的研究角度是其整合作用……

◆ 大脑与微芯片中的通信

多输入源与多输出目标之间的通信是一个非常复杂的过程，但在人类大脑中，从出生起，这一过程以极其巧妙却又简单的方式完成，并且可以持续长达 100 年甚至更久。在微芯片中也能够实现类似的通信，但需要运用极为复杂的通信和数字技术，而这些技术都是在过去一个世纪内才被发现的。

对于微芯片而言，必须预先定义一个通信系统，其中包括发射器、接收器、通信信道、距离、通信方式以及信号。

通信方式包括微芯片内部的有线通信，以及微芯片外的无线通信，如在智能手机中。无论是哪种情况，信号都是一种携带信息数字表示的电信号。

这意味着在进行传输之前，我们必须首先通过 A/D 转换器对模拟信号（如语音）进行编码，同时需要考虑所使用的特定编码、自纠错能力、通信信道以及通信距离中产生的噪声。此外，还可以对编码进行加密处理。

以语音为常见示例，在接收端，我们需要对信号进行解码，并且将其转换回模拟信号。然而，如果该语音用于在互联网上搜索本书内容，则需要在这一过程中加入一个人工智能应用程序，以对信息进行解读。

到现在，你应该已经对于智能手机或者平板电脑这样的奇迹背后所需要的巨大设计努力、数学建模以及复杂的信息理论有了初步了解——更不用说你颅骨中那个更为惊人的大脑与心智的奇迹了！

健康的人类大脑能够以极小的努力、极低的能量消耗和功率损耗完成这些复杂的任务，这也更加凸显了我们需要好好呵护大脑与心智，保持其健康的重要性。

◆ 未来

微芯片行业面临着两个主要挑战。一是与其制造过程所需要的大规模物理空间相关，二是与生产过程中对于环境的影响有关。

第一个问题可以通过使用微观分子而非晶体管作为开关（借鉴大脑的设计方式）来解决，同时将硅材料的使用从二维空间扩展到三维空间，这也是对于大脑设计的模仿。

第二个问题在当今气候变化和资源枯竭的背景下显得尤为紧迫。关于这一问题，简·马祖雷克（Jan Mazurek）在其著作《制造微芯片：半导体行业中的政策、全球化与经济重组》（*Making Microchips: Policy, Globalization, and Economic Restructuring in the Semiconductor Industry*，1998）中进行了深入研究和探讨。

◆ 纳米技术

微芯片的进步通过其微型化程度来衡量——更具体地说，是制造越来越小的晶体管的能力。这种能力通常以"特征尺寸"来衡量。据诺丁汉大学物理学教授、著有《纳米技术：牛津通识读本》（*Nanotechnology: A Very Short Introduction*，2022）的菲利普·莫里亚蒂（Philip Moriarty）介绍，1990 年，英特尔的 80386 微处理器芯片的特征尺寸为 1000 纳米，而到了 2004 年，"英特尔的奔腾 4 微处理器芯片通过 90 纳米工艺，突破了 100 纳米的障碍"。他进一步提到："2019 年 12 月，英特尔宣布计划在 2029 年前实现 1.4

纳米的生产工艺。"

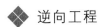 逆向工程

　　正如我们所了解的，微芯片是由相互连接的晶体管和其他半导体元件组成的微电子电路。微芯片本身覆盖着一层二氧化硅（玻璃），以在电气和物理层面上保护其下方的微电子电路。

　　伪造微芯片设计是通过逆向工程实现的。这种方法包括先用化学方式去除保护性的玻璃层，同时不损坏下方的电路。接下来的步骤是对电路进行检查并且生成一个网络列表。一旦完成这些步骤，伪造设计便可以实现。这种行为被称为知识产权盗窃，是一种犯罪行为。

　　知识产权盗窃对行业的完整性和发展构成了巨大的威胁，同时也严重影响用户的隐私。因此，在不显著增加制造成本的前提下，生产商投入了大量精力来开发技术，使得微芯片的逆向工程变得更加困难。布鲁克大学的埃姆雷·萨尔曼（Emré Salman）教授及其博士生利万·迈克蒂克（Ivan Miketic）在《电气电子工程师学会超大规模集成电路系统汇刊》（*IEEE Transaction on Very Large Scale Integration Systems*）2021 年 5 月刊上发表了一篇关于这些威慑技术的最新报告。

Chapter Ⅲ   第3章

人工智能与真实智慧
Intelligence—Artificial and Real

　　我在 2023 年 5 月完成本章时，国际新闻媒体纷纷刊登头条："人工智能之父警告：人工智能可能会学会如何杀人。"

　　在过去的 20 年里，我和全世界的人们一样，阅读了许多类似的耸人听闻的言论，包括关于人工智能将使得某些岗位，甚至整个职业过时的预测。我并没有太在意，因为这些说话的人往往并不真正了解人工智能的能力和局限。

　　然而，2023 年 5 月的那则新闻标题提到我的同事、加拿大人工智能先驱杰弗里·辛顿博士，这让我感到有所不同。这则消息至少可以说是令人警醒的。

　　这则消息也令人感到有些奇怪——就好像（假设）亨利·福特（Henry Ford）警告 20 世纪初的公众，使用他发明的汽车可能会导致人死亡一样。当时，机动车才刚刚开始取代马车，公众的确对此感到担忧。这种担忧后来证明是有道理的。毕竟，马是有感知能力的生物，拥有相当的"脑力"；它们很少引发可预防的事故，当然也不会"醉驾"，即便它们的操控者喝醉了！

　　我很幸运能够了解辛顿博士及其研究工作，并且在约 30 年前的著作《VLSI 人工神经网络工程》(*VLSI Artificial Neural Networks Engineering*，1994)中引用了他的研究成果。

辛顿博士是多伦多大学计算机科学的荣休教授，2013—2023年在谷歌工作。据媒体报道，他辞职是为了"能够自由地就人工智能的风险发表意见"。

然而，在继续讨论之前，有必要了解以下几点：

1. 科学家和工程师是**发现**事物，而不是"发明"事物。

2. 是人杀人，而不是科学家和工程师的发现杀人(个人枪支和核武器就是典型的例子)。

3. AI 是 Artificial Intelligence(人工智能)的缩写，即一种由人类，特别是微芯片工程师、计算机科学家和计算机工程师设计的硬件和软件系统的机器。

在 2023 年 5 月初的一次采访中，辛顿博士警告称，作为一名科学家，他"突然意识到这些(人工智能设备)变得比我们更聪明了"。他进一步解释说，人工智能可能成为一种危险的操控工具，可以从人类程序员那里学习，甚至可能超越他们的智慧。他说道："几乎没有聪明事物被更不聪明的事物控制的例子。"

1920 年，卡雷尔·恰佩克(Karel Čapek)创作了一部科幻戏剧《罗素姆的万能机器人》(*Rossum's Universal Robots*)，其结局是人工智能生物反抗人类创造者并接管地球。

美国著名科幻作家兼生物化学家艾萨克·阿西莫夫(Isaac Asimov，1920—1992)在人工智能一词进入日常语言之前，就已经在他的小说和公众演讲中表达了对人工智能力量和潜力的担忧。

他备受争议的"机器人三大法则"旨在防范人工智能可能带来

的危险，这些危险也正是辛顿博士及其他人所表达的担忧。这些法则最早出现在他 1942 年的短篇小说《逃避》（"Runaround"）中，该小说收录于其 1950 年开创性的短篇小说集《我，机器人》^①（*I, Robot*）。阿西莫夫的机器人法则规定如下：

　　1. 机器人（或者人工智能机器）不得伤害人类，或者由于不作为而使得人类受到伤害。

　　2. 机器人必须服从人类的命令，除非与第一法则相违背。

　　3. 机器人必须保护自己，除非与第一或者第二法则相违背。

　　自从阿西莫夫提出这些法则以来，关于这些法则是否可能实现一直存在着许多推测和科学争论。随着对人工智能兴趣的日益增加，这一讨论再次变得极为热烈。

　　早在 1818 年，玛丽·雪莱（Mary Shelley）的经典小说《弗兰肯斯坦》^②（*Frankenstein: or The Modern Prometheus*）就以令人难忘的早期科幻情节揭示了"创造"自主人工智能生命所带来的危险。

　　恰佩克、阿西莫夫和雪莱是过去两个世纪以来众多科幻作家中的代表，他们在各种形式和背景下对人工智能的概念进行了广泛的想象与探讨。几乎总是如此，人工智能具有优势的同时也伴随着对其无意或者蓄意滥用的可怕预测。因此，人工智能消灭人类的恐惧并非一个新鲜的议题。

---

① 　本书中文版参见：江苏文艺出版社，2013。
② 　本书中文版参见：上海译文出版社，2020。

◆ 什么是 AI?

但让我们回到最基本的问题。究竟，什么是 AI?

如前所述，AI 是 Artificial Intelligence(人工智能)，或者更准确地说，是 Artificial **Machine** Intelligence(人工**机器**智能)的缩写。

它是指能够代替人类执行某些任务的计算机程序，如语音识别和面部识别。这些程序通过一个训练过程进行"学习"；不仅从示例中学习，还从自身的错误中汲取经验。这一切都在计算机科学和编程领域的专家监督下完成。

理论上，任何可以被明确定义并且具备可测量相关量的任务，都可以被编写成算法，然后转化为计算机程序，以快速而准确地执行该任务。

现实真相　Real-world fact

理论上，任何可以被定义、量化或测量的事物，都可以被纳入算法，从而生成一个人工智能应用程序。

此类程序可以通过大量示例和专家的指导进行监督学习，从而实现精细调整。例如，可以设计和编写一个人工智能程序，用于识别患者大脑影像中的癌细胞。

然而，这里既存在一个问题，也包含一个悖论。

我们如何定义和衡量人类的智慧——包括意识、推理、认知、情感表达、感知、预测、创造力及我们大脑与心智能够完成的诸多复杂功能？然而，当我们设计人工智能文本自动校正程序时，却**可以**精准地定义和编程出正确的拼写、措辞和语法（尽管像本书这样的作品仍然极大地受益于人工编辑的参与）。

关于"如何"实现的持续不确定性并未阻止 H. G. 威尔斯（H. G. Wells）在其 1938 年出版的《世界大脑》（*World Brain*）中描绘一个全球性的自我意识人工智能。在 1937 年一系列演讲和文章的基础上，《世界大脑》提出创建一个人工、自我维护的全球"百科全书"，其信息可以供所有人自由访问，无论种族、文化、语言、社会经济地位或者地理位置。威尔斯设想，权威信息获取的普及将成为实现世界和平的有效工具。不幸的是，他的愿景并没有实现，尽管许多人认为互联网百科平台的利他主义目标值得为之努力。

从超过五千年的有记录的历史中，我们知道人类设计了各种工具和机器，帮助他们完成更多、更高效的体力劳动，以弥补自身的体能不足。并且，这一趋势仍然在继续。

而仅仅在过去 50 年间，人类开始专注于设计机器来增强和辅助他们的脑力劳动。这一趋势也同样在持续。

我们在人工智能开发方面的进步得益于工程学和计算机科学领域的三大重要科学突破：人工神经网络（Artificial Neural Networks，ANNs）、机器学习（Machine Learning，ML）以及大数据（Big Data）。

人工智能在快速处理海量信息以执行我们为其编程的任务方面，已经超越了人类的能力。同时，它还能够接收并且存储同样海量的信息，以便日后调用。

当人工智能操控机器人时，它可以执行一些对于人类而言危

险或者极度枯燥的任务，如探测并清除地雷、检查可疑包裹、进行重复性极高的产品组装，或者从危险环境中取回物品。

当人工智能在电脑等固定设备中运行搜索引擎时，它可以分析和比对需要人类耗费数个生命周期才能够完成的数据，从而几乎瞬间验证重要信息。喜欢《星际迷航》（*Star Trek*）系列续作《下一代》（*The Next Generation*）的观众或许会记得，友好的机器人"数据"经常在短短几微秒内完成庞大的计算，帮助"企业号"星舰及其舰员解决潜在的致命问题。

RI——真实的（人类）智慧

现在让我们转向"真实的东西"——人类智慧，也即 RI（Real Intelligence）。它究竟是什么？

"心理学家在整个 20 世纪对此争论不休，并且这一辩论至今仍然在继续。"爱丁堡大学心理学教授伊恩·J. 迪尔里（Ian J. Deary）在其著作《智力：牛津通识读本》（*Intelligence: A Very Short Introduction*，2001）中写道。

迪尔里最初接受过医学训练，后来成为一名精神科医生。他从事有关人类智力和人格差异的研究与教学，经常在医学疾病的背景下展开相关工作。

他提出："我们应当将人类智力——即人类的心理能力——视为一种统一的能力，还是将其视为多种能力？是单一智力还是多元智力？……在心理学中，我们倾向于测量那些可以被测量的东西。因此，当我们讨论心理能力及其关系时，必须记住，如果有一些我们认为有价值但不易测量的特质，那么我们的智力定义将是有限的。例如，对于创造力和智慧这些人类最珍贵的品质，我们的测量能力相对较弱。"

吉莉恩·巴特勒(Gillian Butler)和弗雷达·麦克马纳斯(Freda McManus)在《生活中的心理学：牛津通识读本》①(*Psychology: A Very Short Introduction*，2014)中也表达了类似的困境："尽管智力是心理学中最重要的概念之一，却也是最难以定义的……智力可以简单地被视为适应环境的能力，但这种能力可能涉及多个方面，如能够进行逻辑性、理性和抽象的思考，以及具有创造力、学习能力，并将所学应用于新情境的能力。"

他们补充道："心理学家一直在探讨，智力是所有心理过程的共同核心(即一般因素)，还是反映了若干彼此相关或者相对独立的不同因素。"

加拿大不列颠哥伦比亚大学计算机科学系的艾伦·麦克沃斯(Alan Mackworth)教授在 2002 年 5 月于阿尔伯塔省卡尔加里举行的第 15 届加拿大计算智能学会会议上发表了一篇题为"循环感知的再利用：一场论战"("Recycling the Cycle of Perception：A Polemic")的演讲。他讲道：

> 如果我们问，智力的特征是什么？我们可能会用以下九种观点中的一种或多种来回答。一个智能体具备以下特征——
>
> 1. 主动性：智能体能够实现目标，无论是隐性的还是显

———————

① 本书中文版参见：译林出版社，2023。

性的。其行为具有目的性、计划性，并且以未来为导向。

2. 反应性：智能体能够感知并且对于环境变化做出反应。其行为具有因果性，并且由后天因素所决定。

3. 基于模型：智能体使用关于世界的模型来指导其感知和行为。

4. 学习导向：智能体能够习得新的行为并建立新的模型。

5. 理性：智能体能够推理、解决问题，并且能够使用工具。

6. 社会性：智能体能够与其他智能体协作、合作、承诺并且竞争。

7. 语言能力：智能体能够通过语言进行交流与协调。

8. 情境性：智能体嵌入或者处于与其紧密关联的特定世界中，具有特定性而非普遍性。

9. 基于约束：智能体能够满足并且优化多种外部与内部约束条件。

根据麦克沃斯博士的标准，一个计算机程序可以被归类为智能体，因为它能够基于环境、用户输入和经验做出决策或提供服务。

此类程序可以自主定期收集信息，或者在用户实时提示时收集信息。智能体也可以被称为"bot"，即"机器人"(robot)的缩写。

现在，距离加州大学伯克利分校哲学教授休伯特·L. 德雷福斯(Hubert L. Dreyfus, 1929—2017)出版其经典著作《超越机器的心智：计算机时代人类直觉与专业知识的力量》(*Mind over Ma-*

chine: The Power of Human Intuition and Expertise in the Era of the Computer，1988)时已经超过了 30 年。

他论述了为什么认为机器能够表现出类似于人类理解的观点是错误的。德雷福斯在《计算机不能做什么：人工智能的极限》[①] (*What Computers STILL Can't Do: A Critique of Artificial Reason*，1992)一书中重申了他的观点，并特意在书名中将"STILL"用斜体强调。

在他的序中，德雷福斯引用了帕斯卡的一句话，指出那些试图用数学方法处理感知问题的数学家让自己变得可笑，而人类的心智则"以默认的方式完成这一切，不需要技术规则"。布莱兹·帕斯卡(Blaise Pascal，1623—1662)是现代数学的奠基人之一，同时也是启蒙时代的法国物理学家、哲学家、发明家和作家。

 现实真相　Real-world fact

　　迄今为止，科学家们已经提出了超过 10 种关于人类智慧（即真实智慧）的定义。

◆ 展望未来

美国前国务卿亨利·A. 基辛格(Henry A. Kissinger，1923—2023)出版《人工智能时代与人类未来》[②](*The Age of AI: And Our*

---

① 本书中文版参见：生活·读书·新知三联书店，1986。
② 本书中文版参见：中信出版社，2023。

Human Future，2021)时，再过两年就满 100 岁了。他的合著者是埃里克·施密特(Eric Schmidt，1955—　　)，他在 2001—2011 年担任谷歌首席执行官期间，将这家公司从硅谷的一家初创企业转变为全球 IT 领军企业；以及丹尼尔·P. 胡滕洛赫尔博士(Daniel P. Huttenlocher，1959—　　)，麻省理工学院施瓦茨曼计算学院的首任院长。

他们写道："人工智能革命的进程将比大多数人的预期更快。如果我们无法发展出新的概念来说明、诠释并且组织其引发的变革，我们将难以应对这一革命及其带来的影响。从道德、哲学、心理和实践等各个层面来看，我们正站在一个新时代的悬崖边上。我们必须借助人类最深层的资源——理性、信念、传统与技术——来调整我们与现实的关系，以确保它仍然保持人性的核心。"

2023 年 5 月 30 日，美国人工智能安全中心发布了一则简短的公开声明，内容为："将人工智能带来的灭绝风险降至最低，应当与应对大流行病和核战争等社会规模风险一道，成为全球优先事项。"这份声明由 350 位人工智能科学家和公众人物签署，由上文提到的杰弗里·辛顿博士领导。我(穆罕默德·埃尔马斯里)也是签署者之一。

2023 年 6 月，有媒体报道，OpenAI(ChatGPT 的母公司)首席执行官萨姆·奥尔特曼(Sam Altman)改变了此前的承诺，此前他曾表示，如果公司难以遵守即将出台的欧盟法律(其中包括要求披露用于训练人工智能系统以生成文本、图像、音乐等内容的版权材料来源)，将退出欧盟市场。

同月，美国、英国和欧盟之间展开了严肃的会谈，讨论建立一个国际机构，以监督人工智能系统的扩散问题，其目标类似于国际原子能机构在核武器领域的职能。

 生活贴士 Lifestyle tip

你的真实智慧远比任何数量或组合的人工智能应用程序更为宝贵。好好珍惜并且善待它。

 ◆ 人工智能——真实的故事

但人工智能的真实故事要追溯得更久远。

1943 年 12 月，就在我出生的前几天，伊利诺伊大学神经精神病学研究所的沃伦·麦卡洛克（Warren McCullock，1898—1969）和沃尔特·皮茨（Walter Pitts，1923—1969）发表了一篇题为"神经活动内在思想的逻辑演算"（"A Logical Calculus of the Ideas Immanent in Nervous Activity"）的论文，首次提出了人工神经网络的概念。这篇论文标志着一个全新计算机科学领域——阈值逻辑的诞生。

随后，艾伦·图灵在 1950 年 10 月的《心智》（*Mind*，New Series，Vol. 59，No. 236）上发表了论文《计算机器与智能》（"Computing Machinery and Intelligence"），提出了一种测试方法，用于评估"机器智能"（Machine Intelligence）能否进行类似人类的对话。这项测试后来广为人知，被称为"图灵测试"（The Turing Test）。

1956 年的达特茅斯会议是首次专门讨论人工智能的技术会议，当时人工智能被称为专家系统（Expert Systems）、机器智能或者人工神经网络等多个名称。这次会议被公认为人工智能作为计算机科学领域正式诞生的标志。随后 20 年间，人工智能研究取得了众多突破性进展。

1980 年，基于规则的程序被引入人工智能领域。1986 年，杰弗里·辛顿、戴维·E. 鲁梅尔哈特（David E. Rummelhart）和罗纳德·J. 威廉姆斯（Ronald J. Williams）在《自然》（*Nature*，Vol. 323，1986）上发表了论文《通过反向传播误差学习表示》（"Learning Representations by Back-Propagating Errors"），这一成果使得人工神经网络的功能得到了进一步扩展。

1997 年，IBM 的超级计算机"深蓝"（Deep Blue）击败了国际象棋世界冠军加里·卡斯帕罗夫（Garry Kasparov），而仅在一年前，卡斯帕罗夫还战胜了"深蓝"。

2022 年，OpenAI 推出了目前仍然饱受争议的 ChatGPT，这是一款使用自然语言处理（NLP）技术的人工智能程序。

 你知道吗？　Did you know?

　　人工神经网络是模仿人类大脑神经网络运行机制的微芯片或者数学模型。它们通过仿照生物神经元之间的连接和信息传递方式，来处理数据、解决复杂问题。

◆ 硬件与软件

　　硬件是指能够进行计算、通信或兼具两者功能的任何物理设备的技术术语，如智能手机。

　　第一台电子硬件通用计算机是 1943 年的埃尼阿克（ENIAC）。这台巨型机器重达 50 吨，使用了 18,000 个真空管，这些真空管经常烧坏并且需要频繁更换。

　　不到 40 年后，1981 年，随着微处理器——即将整个计算机集成到单一芯片上的技术——的引入，第一台真正意义上的"笔记本"式的便携式计算机得以实现。这一技术的开端是 1971 年开发的英特尔 4004 微处理器。

　　到 1990 年，微芯片发展的加速推动了实用且紧凑的移动设备的出现，包括像黑莓这样的智能手机。如今，全球超过 85％ 的人使用智能手机。

　　然而，在早期阶段，这样的未来是完全出乎意料的。在我与学生迈克尔·拉扎里迪斯（Michael Lazaridis，他是黑莓生产商行动研究公司的联合创始人）的讨论中，当时我的想法是：谁会想要随时随地与世界保持连接？也许只有一直在路上的推销员或者卡车司机。然而，在接下来的几十年里，智能手机在全球范围内普及，涵盖了**所有**年龄段和职业群体，我们的视野和思维迅速被这一现象所颠覆！

　　另一个历史性的加拿大案例，体现了对新技术未来价值的严重低估，发生在 19 世纪 70 年代，背景是刚刚发明的电话——智能手机的模拟前身。

乔治·斯蒂芬（George Stephen，蒙特斯蒂芬勋爵，1829—1921）出生于苏格兰的一个普通家庭，21岁移民加拿大后，成为一位非常成功的企业家。25年后，他担任了蒙特利尔银行的总裁。然而，他最为人熟知的是为横跨加拿大东西两岸的加拿大太平洋铁路提供资金支持，该铁路于1885年竣工。

尽管乔治·斯蒂芬几十年来一直是领先的企业家，但他始终坚决拒绝拥有或者使用电话，尽管这一技术在他的后半生中已经触手可及，并且被他那些同样富有且有影响力的商业同行广泛接受。维维安·史密斯（Vivienne Smith）在2005年的英国郡刊《赫特福德郡先驱》（*Pioneers of Hertfordshire*）中写道："他声称这种新奇的设备只是用来传播闲言碎语的。"

软件是一种无形的实体，通常以计算机程序的形式存在，本质上是一组基于逻辑"如果—那么"规则的指令。第一款软件是在1943年的埃尼阿克机器中使用的。

1965年，一种不同类型的软件出现了，这是一种基于规则的计算机程序，被称为"专家系统"。然而，这种新型软件的发展进展缓慢，最终停滞不前，原因在于人类专家不愿意将他们来之不易的专业知识转化为软件规则，供许多用户访问和使用。

然而，专家系统确实促进了人工智能程序的发展，这些程序通过人类专家的指导实现"学习"。

 你知道吗？　Did you know?

人工智能最初的名称是专家系统。

◆ 从预编程到应用程序

微芯片是智能手机的物理硬件部分。然而，在智能手机出厂之前，必须由制造商进行预编程，否则即使拥有复杂的硬件，也无法发挥任何作用。

由于制造商清楚每种型号所内置的微芯片类型，他们可以添加兼容的预编程软件，以激活诸如手机操作系统(OS)等功能。

当你拿到智能手机后，可以通过安装称为"App"（应用程序application 的缩写）的软件来将你的设备变得个性化。

应用程序必须与手机的硬件以及制造商预装的软件兼容，否则你的智能手机将不再"智能"。

当我们讨论人类大脑与心智的硬件和软件系统时，这个概念非常重要，需要牢记，因为人脑中的系统的精妙与复杂性远远超出任何人工系统。

智能手机的操作系统是一种程序，其指令负责管理在其上运行的所有其他应用程序。操作系统遵循一种算法，该算法指示它：首先执行某项操作，然后如果满足某些条件，从以下操作中进行选择，以此类推。

应用程序的工作方式类似。例如，一个应用程序可能与摄像头连接。摄像头是能够拍摄静态或动态图像（即照片或视频）的传感器。这个应用程序可以将这些图像存储起来，或者将副本发送到其他智能手机或者设备上。数据可以在智能手机本地、远程计算机、存储设备，或者所谓的"云"——大型远程服务器上进行永久或者临时存储。

作为智能手机的终端用户，你可以自由选择删除照片、视频、消息以及其他数据，或者保留它们。同时，你还可以使用各种应用程序编辑文本和图像。当然，你也可以将存储的内容分享给任何你选择的人，或者完全保密。

所有这些选项同样适用于由他人创建的内容，如你从社交媒体平台、网站或者收到的消息中下载并且保存到智能手机上的内容。

在不久的将来，智能手机可能会拥有具备嗅觉、触觉和味觉功能的应用程序和传感器。

◆ 自然语言（人类语言）与编程语言（机器语言）

随着计算机的引入，用来指示计算机执行任务的专门语言需要开发出来。但在很长一段时间里，这些语言仅对计算机程序员具有重要意义。

第一种此类语言由英国创新者艾达·洛夫莱斯（Ada Lovelace，诗人拜伦的女儿）和查尔斯·巴贝奇（Charles Babbage）于 1833 年共同开发，他们当时正在为分析机（Analytical Engine）工作，这是一种原始的机械计算机。

从 20 世纪中叶开始，随着计算机时代的迅速发展，一系列编程语言相继出现。其中包括：汇编语言（Assembly Language，1949年）、自动编码（Autocode，1952 年）、FORTRAN（1957 年）、COBOL（1959 年）、Lisp（1959 年）、BASIC（1964 年）、Pascal（1970 年）、

C 语言(1972 年)、MATLAB(1978 年)、C++ (1983 年)、Python
(1991 年)、Visual Basic(1991 年)、Java(1995 年)等。部分语言至
今仍然在广泛使用。新编程语言的开发通常基于早期语言设计的
概念，并且不断改进和创新。

　　但几个关键问题始终存在：计算机真的能够理解人类语言(自
然语言)吗？它们能否纠正拼写、语法和风格错误(换言之，它们
能否进行创造性的编辑)？它们能否准确地将一种语言的字面意义
和细微差别翻译成另一种语言？它们能否从文本生成语音或者从
语音生成文本？

　　大量研究致力于回答这些问题，并且取得了一些显著的成功，
如在社交媒体视频或者电视节目中实现即时配音或字幕，从而让
视障和听障用户能够更方便地获取信息。

　　然而，创造性驱动的人类技能，如撰写原创文学作品(诗歌、
戏剧、小说等)，仍然难以被人工智能实现。你或许可以使用一个
人工智能应用程序来写演讲稿或者学校论文，但它的"生活"经验
往往有限并且难以预测，这可能让你陷入尴尬的境地！事实上，
已经有针对教授开发的应用程序，用于检测在线文档(如大学生作
业)是否由人工智能生成。

　　其他人工智能应用还包括：向移动设备推送的在线新闻和编
辑内容、招聘应用、个人助理、安全监控、市场识别、客户服务
分析、供应链管理、筛选社交媒体帖子中的危险或者冒犯性内
容等。

◆ 算法

算法是程序为完成特定任务而采取的步骤。这些步骤既可以通过简单的模拟方式（如用笔和纸）执行，也可以通过超级计算机的数字迷宫实现。算法的复杂程度从极其简单到极其复杂不等。随着复杂性的增加，每一步开发所需的选择数量也会增加，而确定这些选择所涉及的科学领域也必然变得更加多样化。

人类的真实智慧和大脑与心智系统同样依赖于算法。深入研究其中的奥秘至关重要，却也极为困难。例如，要对人类大脑与心智系统的复杂结构进行逆向工程，以更好地理解和治疗各种创伤、精神疾病以及侵袭大脑的多种痴呆症，其过程远比开发用于智能手机的算法复杂得多。

思考一下用于教小学生如何相加两个小数的算法。

第一步——准备工作。

将给定的两个数上下排列：

$$0002.56700$$
$$2001.98089$$

第二步——执行操作。

按照竖列从右到左、从低位到高位依次相加。如果有进位，将进位数加到左边的下一列。

第三步——完成相加，进入第四步。

第四步——检查结果，纠正可能存在的错误。

第五步——完成检查和纠正，进入第六步。

第六步——按照要求提交结果。

第七步——完成后，宣布"完成"。

第八步——返回第一步。

同样的八步算法也可以用来编写计算器应用程序，让它在你的智能手机上运行！

"算法"（algorithm）一词的来源可以追溯到穆罕默德·伊本·穆萨·阿尔-花拉子米（Muhammad ibn Musa al-Khwarizmi，约780—850），这位杰出的波斯数学家还为代数学的发展做出了重要贡献。他的姓氏"al-Khwarizmi"在拉丁化后演变为"Algorismus"，后来进一步演变为"Algorithm"，用以指代完成特定任务的一系列步骤。

现在，让我们设计一个算法，用于预编程未出生的人类胎儿的大脑与心智系统，使得其能够在出生后本能地寻找并且吸吮母亲的乳头以获得喂养。可能如下：

1. 忽略视觉（新生儿的视力非常有限）。

2. 将母亲的声音和手的触碰作为输入信号，用于引导婴儿寻找并且找到乳头；找到后立即吸住！

3. 将母乳独特的气味和味道存储在记忆中。

4. 拒绝其他任何奶源，除非处于极度饥饿状态。

5. 视力逐渐发育时，加入视觉感官的参与。

6. 看到母亲时，表现出愉悦的情绪。

7. 如果看到陌生人的脸，或者感到饥饿时，就哭泣。

8. 吃饱后，会有一个不自主的声音从胃部通过口腔发出——打了一个嗝，不用担心。

9. 将此算法存储在你的大脑与心智系统中。每当感到饥饿时，调取使用。

10. 大约两年后，你将无法再获得母乳，因为母乳已经停止分泌。习惯这一变化，不要烦躁。

要复制这样的算法并且为其编写一个计算机程序，对于人工智能机器人来说几乎是不可能的，但一个新生儿却能够轻而易举地完成。

与算法设计的数学科学密切相关的是实现算法的架构工程，它必须考虑待执行程序的硬件特性。这种工程设计需要确保算法与硬件之间的高效适配，以充分发挥系统性能。

对于人类大脑而言，其架构的完整细节只有原始设计者知晓——无论你将其归因于历经千百万年的智慧演化，还是归因于一个超级智能。

大脑是一个令人惊叹的灵活并且高度复杂的架构，它能够以极高的精度和速度同时执行无数的算法，同时消耗的能量却极少，几乎没有多余的功耗。

对于计算机或者智能手机而言，其架构是完全由人类设计者所掌握的，但在灵活性方面却有所限制。因此，人类始终在追求开发更具创新性的架构，以突破现有技术的局限性。

在大学的工程和计算机科学系中，我们教授并且研究算法和架构，包括它们如何模拟人类大脑与心智系统的机制。这种探索不仅推动了技术的发展，还有助于神经科学研究人员逐步通过逆向工程得到越来越多的大脑功能，从而深化对于人类大脑的理解。

◆ 人工神经网络

为了模仿人类大脑与心智系统自我学习以及同时执行众多算法的惊人能力，工程师们开发了被称为人工神经网络的架构。我曾在滑铁卢大学任教和研究期间，为这一令人振奋的新领域撰写了许多技术论文，贡献了自己的力量。

人工神经网络对于普通人来说可能不像人工智能那样熟悉。然而，对于人工智能专家和微芯片系统设计师来说，人工神经网络却是众所周知。

工程师们长期以来对于生物神经网络的高效和快速着迷，因为它们能够完成如感官识别等复杂任务。大脑中的神经网络能够瞬间识别来自五种感官的输入，并且对于这些复杂信息进行高度复杂的整合，以做出决策并且制定反应。这一切都以极高的速度、准确性和能量效率完成，令人叹为观止。

理论上，微芯片（人工机器）网络可以被设计用于执行类似的任务，如识别，但完全复制人类神经网络是不可能的。工程师们因此转向数字化实现作为最接近的替代方案。他们首先将图像数字化，然后使用与生物神经网络相似的算法处理这些数字信息，从而尽可能模仿人类大脑的功能。

尽管生物神经元的切换时间为几毫秒——比人工电路的速度

的百万分之一还慢，但人类系统的准确性始终远远高于人工系统。

生物系统具有更高准确性的原因在于其大规模并行连接能力以及其在三维环境中运行的特性。目前，由于过高的制造成本以及研发资金的严重不足，这些特性还无法在人工神经网络微芯片中复制。然而，这种情况在未来可能会发生改变。

◆ 机器学习

我们的大脑与心智预编程为能够在多个层面上学习，从包括他人、事件、外部环境中，或者通过观察和经验中汲取知识。尽管我们并不有意识地了解学习某件事所需的步骤顺序，但我们却始终在实践这些步骤；学习有时迅速，有时缓慢，有时不够完美，有时却显得异常轻松和精准。

机器学习是计算机科学的一个领域，专注于编写能够让计算机实现"学习"的程序。如今，有许多需要依赖机器学习技术的应用。以下是其中一些例子：

- 能够学习识别你独特的语音模式，并且区分你的指令与他人指令的智能手机。
- 能够从海量数据集中学习提取有用且特定信息的软件。
- 能够学习如何过滤电子邮件中的有害信息和垃圾邮件的反垃圾邮件软件。
- 能够学习识别信用卡或者其他私人信息被没有经过授权使用的反欺诈软件。

- 机器学习在医学领域也有广泛的应用，如用于筛查患者的检测结果、扫描图像等。

计算机科学中的机器学习探讨了一些基本问题，如：什么是学习？机器如何学习？真正的机器学习是否可能实现？我们如何判断学习已经完成或者成功？又如何识别学习的失败？

机器学习的历史可以追溯到 1958 年，当时一台重达 5 吨、占据整个房间的 IBM 计算机被输入打孔卡。经过 50 次试验后，这台计算机"自学"出如何区分左侧打孔的卡片和右侧打孔的卡片。康奈尔大学神经生物学教授弗兰克·罗森布拉特（Frank Rosenblatt，1928—1971）编写了这一计算机程序，并且将其新算法称为"感知机"（Perceptron）。简单来说，感知机模仿了人工神经网络中的一个生物神经元。

罗森布拉特写道："关于具有人类特质的机器的创造故事，长期以来一直是科幻领域引人入胜的话题。然而，我们即将见证这样一台机器的诞生——一台能够在没有任何人类训练或控制的情况下感知、识别并且辨别其周围环境的机器。"

尽管罗森布拉特博士的突破性算法具有里程碑意义，但机器学习直到 20 世纪 70 年代才在计算机科学的研究生课程和研究实验室中真正站稳脚跟，那时它与其密切相关的领域——人工智能相遇并且结合。

在此之前，人工智能（当时仍然被称为"专家系统"）是基于"如果—那么"编程规则的，这些规则是在领域专家的帮助下制定的。

然而，当领域专家需要将其多年积累的知识和经验转化为简单的"如果—那么"规则，以供软件工程师将其构建成有用的人工智能程序时，他们遇到了重大困难。例如，如何从数百万个健康细胞中识别出癌细胞这样的任务（仅为众多可能案例之一）。可以理解的是，一些专家拒绝参与这种编程工作，导致人工智能一度面临夭折的危险。

因此，人工智能专家决定采取一种截然不同的途径。

如果用"如果—那么"规则来告诉计算机该做什么过于困难，那为什么不直接教计算机通过示例来学习呢？虽然可能需要成千上万次的尝试或者示例才能够"学会"某件事，但计算机不会疲倦，因此可以提供任意多的示例供其学习。

随着这一编程策略的根本性转变，机器学习作为一个真正的计算机科学领域诞生了。它的"出生证"是《机器学习：人工智能方法》(*Machine Learning: The AI Approach*，1983)，这是一部由理夏德·S. 米哈尔斯基(Ryszard S. Michalski)、杰米·G. 卡博内尔(Jaime G. Carbonell)和汤姆·M. 米切尔(Tom M. Mitchell)编辑的一本厚厚的研究论文集。

1997年，米切尔出版了《机器学习》(*Machine Learning*)，这本书成为供机器学习研究生使用的传奇教材。在米切尔及其同事的推动下，机器学习迅速发展起来。研究会议相继召开，新期刊不断创立，更多的计算机科学家被吸引到这一前沿研究领域，为机器学习注入了强大的动力。

如今，许多大学在计算机科学本科课程中开设了机器学习课程，并得益于一些入门教材的帮助，如米罗斯拉夫·库巴特(Miroslav Kubat)博士为本科生编写的《机器学习导论》[①](*An Introduc-*

———————————
① 本书中文版参见：机械工业出版社，2016。

tion to Machine Learning，2015）。这本书取得了巨大的成功，并于 2017 年推出了第二版。

米罗斯拉夫·库巴特博士是迈阿密大学电气与计算机工程系的计算机工程教授。

《机器学习导论》主要为工程专业学生编写，内容具有很强的数学性，但库巴特在书中详细讨论了与机器学习相关的所有概念，重点介绍了那些在实践中成功实现高准确性、高速度、低能耗和低功耗的技术和方法。

在《机器学习导论》中，库巴特写道："首先需要考虑的是偏差：为了能够学习，学习者必须对当前问题建立一些假设，从而缩小搜索空间的大小。接下来要关注的是这样一个现象：如果训练集中的大多数示例仅属于一个类别，那么增加训练集的规模实际上可能会降低学习者的学习效果。之后，我们将讨论如何处理那些定义会随着上下文或者时间变化的类别问题。最后，我们会关注一些更加实用的方面，如未知属性、最有用属性集合的选择以及多标签示例的问题。"

另一本优秀的教材是埃塞姆·阿培丁（Ethem Alpaydin）博士编写的《机器学习导论（第三版）》（*Introduction to Machine Learning，3rd ed.*，2014）。阿培丁博士是伊斯坦布尔博阿齐奇大学计算机科学教授。

在《理解机器学习：从理论到算法》（*Understanding Machine Learning: From Theory to Algorithms*，2018）的引言中，希伯来大学的沙伊·沙莱夫-施瓦茨（Shai Shalev-Shwartz）和我在滑铁卢大学的同事沙伊·本-戴维（Shai Ben-David）写道："机器学习是计算

机科学中发展最快的领域之一，应用范围广泛。本教材旨在以一种系统化的方式介绍机器学习及其提供的算法范式。书中深入探讨了机器学习的基本理念以及将这些原理转化为实际算法的数学推导……我们将讨论学习的计算复杂性，以及凸性和稳定性的概念；并且介绍重要的算法范式，包括随机梯度下降、神经网络、结构化输出学习以及新兴的理论概念。"

在机器学习领域投入巨大努力和能量，并且已经取得和承诺了令人瞩目的成果之际，我们不妨停下脚步，回想一下：**人类的**大脑与心智系统并不需要任何外部编程技术就能够学会如何学习。如果通过心理刺激和认知训练为其提供机会，它就能够以极少的努力自主地、持续地学习。事实上，如果我们善待自己的大脑，它可以教会我们很多关于学习的真正意义。

 生活贴士　Lifestyle tip

　　不要依赖人工智能来取代你的真实智慧，尤其是在需要原创性、创造力、想象力或者个性化处理的任务中。

◆ 大数据

自从引入了数字化信息，大数据已经发展成为大学中的一个独立学科，主要研究如何收集数据、存储数据、分析数据以及利用数据。数学、计算机科学和统计学等领域都为大数据及其相关学科——数据挖掘和数据清洗的兴起做出了重要贡献。

　　然而，谁能够访问这些数据？其使用规则是什么？我们能否信任那些以营利为目的的数据收集公司？网络安全如何保障？数据加密又如何实施？大数据研究正在使得这些问题以及更多相关议题变得更加突出和备受关注。

◆ 人工通用智能(AGI)

　　人工智能的创始者和开发者不仅致力于开发专用型人工智能系统，还渴望创造具备人类视觉、推理、语言等能力的人工通用智能系统，并且在适当情况下实现这些能力的集成。人工通用智能的目标是超越单一任务的限制，构建一个能够在多领域表现出类似人类智慧的系统，从而为复杂问题提供全面和灵活的解决方案。

　　在著作《人工智能：牛津通识读本》(*Artificial Intelligence: A Very Short Introduction*，2018)中，苏塞克斯大学认知与计算科学学院的创始院长玛格丽特·A.博登(Margaret A. Boden，1936—　　)博士写道："约翰·麦卡锡很早就认识到人工智能需要'常识'这一特性。他在 1971 年和 1987 年的两次饱受关注的图灵奖演讲中都谈到了'人工智能中的普适性'，但他表达的不是庆祝，而是抱怨。直到今天(2018 年)，他的抱怨仍然没有得到解决。"

　　约翰·麦卡锡(John McCarthy，1927—2011)是人工智能领域的奠基人之一；事实上，他在担任斯坦福大学计算机科学教授期间创造了"人工智能"这一术语。

　　博登博士接着写道："进入 21 世纪，随着计算能力的显著提升，人工通用智能再次引起了人们的兴趣。如果人工通用智能得以实现，人工智能系统将不再过度依赖专用型编程技巧，而是能够依靠普遍的推理与感知能力，并且具备语言、创造力和情感等特性。然而，说起来容易，做起来却非常困难。通用智能仍然是一项巨大的挑战，依然难以捉摸。人工通用智能是这一领域的'圣杯'。"

 细节特写　Close-up fact

　　许多人工智能应用程序正在（或者已经）被开发用于执行特定任务，并且等待监管机构批准其使用。

◆ 混合解决方案——将人工智能融入软件系统

　　在某些应用中，将学习技术和编程技术结合到同一个软件系统中是有益的。仅依赖编程技术可能导致软件过于僵化并且缺乏灵活性，而仅依赖学习技术则可能耗时过长并且难以取得理想的效果。

◆ 果蝇测试

　　为了凸显开发复杂人工通用智能系统面临的巨大挑战，我们可以将一个人工智能机器人的十大能力需求与果蝇的能力进行比较。果蝇的大脑与心智系统仅依赖10万个神经元（而人类大脑拥有

约 **1000 亿**个神经元)却能够高效运行：

1. 果蝇机器人(FFBot)能够以高度精确的方式起飞、飞行和着陆。其着陆角度多样化，甚至可以颠倒着在天花板上着陆。起飞不需要跑道距离，飞行一定无噪声，无论白天还是夜晚都能够进行。自动驾驶系统全天候运行，寿命预期达到 10 年。

2. FFBot 可以充电，并且充满电后至少能够维持 4 小时运行(而生物果蝇通过将其体内微小的脂肪储备转化为糖来提供能量)。

3. 硬件足够轻便，能够以高速飞行，同时消耗最少的能量。

4. 它可以根据需要自我复制，并且再次以最低的能量消耗完成。

5. 它可以利用机载软件和智能传感器(如视觉、听觉和嗅觉)识别特定类型的水果，同时能够创建其周围环境的"声音图景"。

6. 它能够识别"食物骗局"(掺假的食物)，如醋。

7. 它能够在飞行中躲避障碍物，并避免陷阱，如蜘蛛网。

8. 它能够在检测到环境变得过于恶劣时进入休眠模式，或者延长休眠时间。

9. 它通过硬件和软件资源的时间共享实现多任务处理。

10. 它能够与其他类似的 FFBot 进行通信。

在如今这个人工智能及其相关领域的研究机会和资金支持的历史节点上，面临的重大挑战将是将这一计算机科学分支从过度夸大与恐慌渲染的极端中拯救出来。人们只希望平衡能够占据主导，同时伴随着进步。

◆ 人工智能与真实智慧之间的真正区别

艾伦·图灵曾提出，与其试图判断一台计算机能否"思考"，不如判断它能否让我们相信它在思考。

他向怀疑者和人工智能"信徒"提出了以下测试：如果你向计算机和人类提出相同的问题，并且无法识别出回答来自哪里，那么从所有实际意义上来说，计算机就是在"思考"，并且计算机就"通过了'图灵测试'"，正如芭芭拉·盖尔·蒙特罗（Barbara Gail Montero）教授在《心智哲学：牛津通识读本》（*Philosophy of Mind: A Very Short Introduction*，2022）中所说的那样。

蒙特罗博士是斯塔滕岛学院和纽约市立大学研究生中心哲学教授。

她补充道："然而，大多数关于图灵测试的心灵哲学讨论，并不关心计算机能否通过测试。相反，它们与图灵最初的目标背道而驰……它们关心的是，通过图灵测试是否足以证明思维的存在。"

她总结道："通过图灵测试**并非**心智的必要条件。一台非常智能、具有心智的计算机（或者人类）可能会被归类为非人类，因为它似乎知道得太多或者思考得太快。当然，这样的智能可能通过刻意降低自己表现的方式来通过测试，但似乎不应该由于表现得过于出色而没有能够通过测试。因此，真正的问题是，通过测试是否足以证明智能。"

《星际迷航》中可爱的机器人，数据指挥官，在标志性的续作

《下一代》中经常面临这个困境。在多集剧情中，"企业号"的舰员们需要在时光旅行或者调查非技术化的人类社会时伪装自己，而数据指挥官的惊人计算能力常常使他们面临"暴露身份"的威胁——有时确实暴露了。

 科研前沿　In research

　　真实智慧在人的大脑中从婴儿期、成年期到老年期的发展方式，极大地影响并且启发了人工智能领域的研究。

 ◆ 从图灵人工智能到达尔文机器

　　图灵机通过迭代过程使用人工智能软件进行训练，以学习并且产生期望的结果，而达尔文机器的软件则模拟自然选择或者进化的有机原理，以修剪其学习结果。

 现实真相　Real-world fact

　　虽然当前的人工智能可以被滥用，来模仿莎士比亚、代写学生论文、伪造毕加索画作，以及进行其他各种犯罪或者不道德的行为，但也已经开发出有效的人工智能应用来检测这些行为。

◆ 但，人工智能会接管吗？

"25 年来，我总是通过展示我们现有的最佳人工智能仍然无法复制普通常识的情况来开启我的心理学入门课程。今年，我感到非常害怕，因为我曾给出的那些例子，GPT（Generative Pre-trained Transformer，生成式预训练变换器）可能会轻松地应对。"哈佛大学心理学教授史蒂芬·平克（Steven Pinker）在 2023 年 2 月 14 日《哈佛公报》（*Harvard Gazette*）的采访中如此坦言。

"但我不必担心，"他接着说，"我问 ChatGPT：'如果梅布尔早上 9 点和下午 5 点都活着，她中午是否也活着？'它回答道：'没有说明梅布尔中午是否活着。我们知道她在 9 点和 5 点是活着的，但没有提供关于她中午是否活着的信息。'因此，它并没有理解世界的基本事实——如人的生存是连续的，一旦死去就不会复生——因为它从未遇到过明确表达这些事实的文本。但值得称赞的是，它知道金鱼不会穿内裤。"

平克是多本著作的作者，包括畅销书《语言本能：人类语言进化的奥秘》①（*The Language Instinct: How the Mind Creates Language*，1994）和《心智探奇：人类心智的起源与进化》②（*How the Mind Works*，1997/2009）。

在《哈佛公报》的采访中，他所提及的 ChatGPT，是由 OpenAI 于 2022 年 11 月发布的人工智能聊天机器人。ChatGPT 使用了大

———

① 本书中文版参见：浙江科学技术出版社，2023。
② 本书中文版参见：浙江科学技术出版社，2023。

型语言模型，使得其能够不断学习并改进其回应。

平克一直从事广泛的研究，探讨心智、语言和思维之间的联系。采访他的《哈佛公报》记者阿尔文·鲍威尔（Alvin Powell）表示，本文的目的是探讨"我们是否应该担心 ChatGPT 有可能作为写作者和思想家取代人类"。

平克继续说道："ChatGPT 能够生成看似可信、相关且结构良好的文本，令人印象深刻，尽管它并不理解世界——没有明确的目标，没有明示的事实，也没有我们曾认为生成智能化文本所必需的其他要素。这种能力的表象使得它的错误显得更加突出。它会自信地胡乱编造事实，如声称美国曾有四位女性总统，其中包括露西·贝恩斯·约翰逊（Luci Baines Johnson），任职时间为1973—1977 年。"

他总结道："我们现在拥有的，而且可能永远都会拥有的，是在某些挑战中超越人类，而在其他方面则不及人类的设备。"

未来指南　Future-proofing tip

我们对于未来的许多担忧都与人工智能完全取代人类工作有关。但请记住，人工智能应用程序只是计算机程序，作为工具帮助我们提高工作效率。例如，会计和簿记已经被计算机化了几十年，但这些程序并没有取代人类会计师或者簿记员——而且永远不会取代。

Chapter Ⅳ 第 4 章

大脑与心智连接（第一部分）
The Brain-mind Connection Ⅰ

在本章及下一章中，我们将探索大脑及其智能传感器、相互连接和记忆、解剖结构，以及将其保持统一的所有元素。接着，我们将进入更高层次的复杂性，讨论人类心智、真实智慧以及它与人工智能应用程序之间的区别。我们还将探讨睡眠、梦境和幽默的作用——这些都是人工智能尚无法复制的。

2005 年 5 月，我在英国伦敦，晚上在河岸街观看音乐现场演出，白天则拜访旧书店。在其中一家书店里，我买了一本小书，名为《心智的生理基础》(*The Physical Basis of Mind*)，这本书只有 79 页，出版于 1950 年。

该书的序立即吸引了我。我读到这样的内容："这本小书是原本在英国广播公司第三频道播出的讲座合集，文字版随后发表在《听众》(*The Listener*)杂志上。该系列由一位外行构思并且编辑，他并不自称是医生、哲学家或者科学家。"

我被深深吸引了！那天晚上，我放弃了去河岸街的计划。我手里拿着钢笔，一字一句地阅读，像一个准备考试的学生一样反复阅读每个字。

《心智的生理基础》中的十位论文作者包括埃德加·道格拉斯·阿德里安(Edgar Douglas Adrian，1889—1977)博士，他是 1932 年诺贝尔生理学或医学奖得主、剑桥大学生理学教授，他贡献了《我们思考时发生了什么》("What Happens When We Think")这篇文章。

另外两位著名人物是 A. J. 阿耶尔(A. J. Ayer，1910—1989)，伦敦大学学院心智与逻辑教授，以及吉尔伯特·赖尔(Gilbert Ryle，1900—1976)，牛津大学形而上学哲学教授。

本书的序由另一位牛津大学教授、1932 年诺贝尔生理学或医学奖得主查尔斯·谢灵顿爵士撰写。他被誉为"神经科学之父"。他写道：

> 关于心智的生理基础的知识在当今正取得巨大的进展。我们对于大脑的了解正在不断增长，而(在这本书中)我们的主题几乎等同于大脑的生理学。心智，指的是思想、记忆、情感、推理等，很难归入生理的范畴。生理学作为一门自然科学，往往对于所有超出生理范畴的事物保持沉默。因此，心智的生理基础研究常常面临一个困境，像是夹在两者之间。

我在伦敦的一家旧书店买到的，那本出版于 70 多年前的朴素的小书《心智的生理基础》，启发我在 2023 年于滑铁卢写下本章，探讨作为一个令人惊叹的软硬件系统的人类大脑与心智的连接——正如谢灵顿所说，"都在生理之外"。

人类身体常被描述为一个系统的集合。每个系统，包括我们的大脑与心智系统,都设计和优化完美,以极高的精度和效率完成其工作,在有限的空间和重量内,使用最小的能量,并且能够维持大约 100 年的生命预期。将这一自然现象描述为一项一流的工程奇迹,都是一种过于轻描淡写的说法。

更具体地说,人体内的每个系统实际上都是一个独立的软硬件系统。我们的生物体,包括那些定期死亡并且被替换的活细胞,就是硬件。

在我们生物体的硬件中,集成了人类的软件,其基本操作系统在出生前就已经预编程,并且随着身体的生长和成熟自动(无意识地)升级。然而,人类的独特之处在于能够自主地升级其软件系统,如通过学习新的身体和认知技能。

通过一个复杂的神经网络,我们身体的所有集成硬件和软件系统都向大脑与心智汇报,而大脑与心智则充当着校长或者负责人角色。

我们的一些生物硬件包括骨骼系统、消化系统、泌尿系统、循环系统、呼吸系统、生殖系统、神经系统、免疫系统、内分泌系统等。这些系统是所有人类共有的。

但大脑与心智系统是非常特殊的,因为尽管其基本生理结构对于每个人来说都是相同的,但其编程和内容却是独一无二的,专属于**你自己**。

你身体的其他所有系统都可以通过机器、硬件(如关节置换)或活体移植(如人类或动物的器官和组织)在很大程度上替代或者完全替代。

我们的生物系统由数万亿个活细胞构成,其中大部分细胞会死亡并且定期被替换，因此它们终生依附于它们的制造源——身体。

这个生命生产工厂为人类提供能量，支持所有系统的运作，包括执行自主功能，如思考、言语、行走，以及非自主动作，如呼吸、消化、血液循环，当然还包括产生新细胞。

正如英国伦敦大学营养生物化学荣誉教授戴维·A. 本德(David A. Bender)在《营养学：牛津通识读本》(*Nutrition: A Very Short Introduction*，2014)所指出的："普通人能量消耗的大约三分之一用于自主活动；其余的三分之二则用于维持身体的功能、新陈代谢的完整性，以及内环境的稳态(维持正常状态)。"

人类成年人的平均每日总能量消耗约为 2000 千卡(千卡和大卡可以互换使用，表示相同的能量)。这个总能量足以将 20 千克的水加热至沸点 100℃。

 现实真相　Real-world fact

> 作为一个既灵活又耐用的软硬件系统，人类大脑的设计是一项无法复制的工程奇迹。

 肾脏

让我们探讨一个可以从纯粹生理层面理解的身体系统——肾脏。

当人类的肾脏功能衰竭时，可以通过人工肾脏透析机(通常被

视为临时解决方案)进行生理替代，或者长期使用健康的捐赠肾脏
进行移植。

肾脏执行两项至关重要的生命维持功能，这两项功能在出生
前就已经预编程。首先，它们维持体液的体积和成分相对恒定。
按重量计算，水分约占人体的 65%，并且参与所有化学过程，从
消化到精子的生成。如果没有肾脏，所有这些过程将迅速减慢，
最终停止。

肾脏的第二个功能是持续地过滤和排除血液中的废物，尤其
是尿素，这种在肝脏中通过蛋白质分解形成的化合物。每个肾脏
包含约 100 万个微小的过滤器。在两个肾脏中，共有 160 千米的血
管，每天 24 小时不间断地将多达 2000 升过滤后的血液输送到全
身，无论我们是处于清醒还是睡眠中。

肾脏将尿液排入膀胱，膀胱储存尿液，直到排出。膀胱具有
一定容积和化学传感器，能够在需要排空时提醒我们。大多数较
大的儿童和成年人能够在适当的时间和地点自主排空膀胱，但有
一些生理状况会导致排尿变得不受控制。

透析机是人工肾脏，可以辅助或者完全替代肾脏的功能，特
别是过滤有毒废物的功能。

◆ 大脑的解剖学和生理学

虽然其他重要器官，如心脏、肺脏、肾脏，甚至生殖系统可
以通过生理或者机械方式进行替代，但我们的脑部却是一个主要
的例外。

我们的生理大脑与心智储存着我们的知识、记忆、个性、创造力和推理能力；简而言之，所有构成**我们**独特个体的东西。

与我们身体中的其他细胞不同，大多数脑细胞如果死亡或受损，是无法再生的。

由于身体是一个相互连接、相互依赖的系统集合，任何一个系统的健康或疾病都会影响整个人体的健康状态。

牛津大学解剖学教授威尔弗雷德·E. 勒·格罗斯·克拉克（Wilfrid E. Le Gros Clark，1895—1971）爵士恰如其分地将他的学科定义为"活体有机体形态的科学"。在本书的语境中，解剖学研究大脑的**结构**，而生理学则研究其**功能**。

在《人体解剖学：牛津通识读本》（*Human Anatomy: A Very Short Introduction*，2015）一书中，利物浦大学骨科手术学荣誉教授莱斯利·克莱内曼（Leslie Klenerman，1929—2015）写道："正如人类中风患者所展示的那样，我们大脑的左侧控制身体的右侧，反之亦然……这种安排在解剖学和生理学上并没有明显的功能。"

克莱内曼博士补充道："尽管人类的大脑仅占身体重量的 2%，但它却获得了 20% 的血液供应。相比之下，黑猩猩的大脑占其体重的不到 1%，并且获得的血液供应比例相对较小，可能只有 7%—9%。"

另一份有助于理解大脑解剖学和生理学基础的资料是迈克尔·奥谢亚（Michael O'Shea，萨塞克斯大学神经科学教授）博士所著的《大脑：牛津通识读本》（*The Brain: A Very Short Introduction*，2005）。

他写道："在那 1000 亿个神经元中，任何一个单独的神经元都过于简单,无法知道你是谁。然而,意识到自我正是来自这一点:神经元通过 100 万亿次互相连接与彼此沟通。"

奥谢亚博士补充道:"尽管大脑拥有高度发达的个人虚荣心,我们仍然必须承认,它赋予了你一些非常独特的能力。它在你每一次行动、感知和思考的背后默默运作。它使得你能够生动地回忆过去,做出关于现在的明智判断,并且规划理性的未来行动路线。它赋予你轻松形成脑海中图像的能力,让你在噪音中感知乐音,让你做梦、跳舞、坠入爱河、哭泣、欢笑……然而,也许最为非凡的,是大脑能够产生意识,让你确信自己可以自由选择接下来要做什么。"

◈ 神经系统

大脑通过神经纤维与我们的细胞、肌肉和器官进行沟通,这些神经纤维的总长度约为 500,000 千米,甚至超过了地球与月球之间的距离——仅为 384,400 千米。

大脑每天向我们的身体发送百万亿个信号或者信息,这个数字仍然超过了全球**所有**通信媒介每天发送的数十亿甚至**数万亿**条信息。

人类神经系统分为中枢神经系统和外周神经系统。中枢神经系统由脊髓和大脑组成,外周神经系统则以电信号、化学信号或组合信号脉冲的形式,负责将信息从我们的感觉器官传递到中枢神经系统,或将信息从中枢神经系统传递到身体各部分。

在那本经典著作《神经系统的整合作用》中,查尔斯·谢灵顿爵士解释了研究神经系统的三种方法。

第一种方法是关注神经细胞，正如身体中的其他细胞一样，它们"各自独立地生活——它们呼吸、吸收养分、释放自己的能量储备……；简而言之，每个神经细胞都是一个生命单元，其营养大多集中在自身。由此，关于每个神经细胞以及神经系统整体的营养问题，类似于所有其他活细胞所面临的那些问题"。

第二种方法是理解"神经细胞所呈现的一个特征，这一特征在它们身上得到了特别的发展，几乎可以说是它们独有的。它们具有在空间上传递激发状态的能力，这些激发状态通过神经冲动在细胞内部生成。这似乎是神经细胞的显著功能特征，无论它们存在于何处，因此这种特征的本质问题与神经细胞的存在息息相关，并且涉及神经系统特定反应的问题"。

谢灵顿的第三种方法涉及神经系统的整合性、主观性作用，这种作用源自其各个独立部分的相互协作。

◆ 系统生物学

在一个给定系统的每个层级中，其复杂性会相应地增加。这一特征被应用于一种新的数学科学——"系统生物学"研究中，详细解释可以参考埃伯哈德·O. 沃伊特（Eberhard O. Voit）博士所著的《系统生物学：牛津通识读本》（*System Biology: A Very Short Introduction*，2020）。沃伊特博士是佐治亚理工学院生物医学工程系的生物系统学教授。

他写道："系统生物学是一门新的专业领域，实际上与普通生物学有着完全相同的目标和作用，那就是理解生命是如何运作的。但与传统生物学不同，系统生物学通过一套全新的工具库来追求这些目标，这些工具除生物学、生物化学和生物物理学之外，还来自数学、统计学、计算机学和工程学。系统生物学利用这些工具来确定我们在生物体中发现的不同组成部分的具体作用……"

◆ 身体，那个美丽的存在

每一位微芯片设计师都知道，我们的人体各个系统，包括大脑与心智，都是极致的设计。此外，身体的每个器官，无论内外，设计中都融入了美感——这是微芯片设计中无法实现的。

"人体是世界上最美丽和最神奇的机器之一，充满了精密的装置，巧妙地调整，奇妙地适应。"1922 年诺贝尔生理学或医学奖得主 A. V. 希尔(A. V. Hill，1886—1977)博士曾如此宣言。

为了欣赏人体内部的生理美感，我强烈推荐《身体内部：来自皮肤下的奇妙图像》(*Inside the Body: Fantastic Images from Beneath the Skin*，2007)，该书由苏珊·格林菲尔德(Susan Greenfield)女男爵作序。

◆ 人类大脑

成人大脑的重量约为 1.5 千克，仅占平均体重的 2%。然而，它却消耗了约 20% 的身体葡萄糖能量，并且每分钟摄取大约 50 毫升的氧气。大脑中包含约 1000 亿个专门化的细胞，称为神经元。

事实上，神经元是大脑的主要细胞构件，就像其他类型的专门化细胞构成了我们其他重要器官一样。

大脑也是一个非常密集、紧凑的器官。那约 1000 亿个神经元在一个体积为 1200 立方厘米的空间内工作，这个空间大约可以容纳 18 个中等大小的鸡蛋。这意味着每立方厘米大约有 1 亿个神经元。即便是今天最先进的微型化微芯片，也无法达到如此高的密度！

出生时，婴儿的大脑重量仅为 350 克，约为最终成人大脑质量的四分之一。但它生长速度非常快。到了 1 岁时，大脑几乎增长到约 900 克，3 岁时则达到了约 1 千克。

大脑在整个儿童期和成年早期持续生长。到 25 岁时，我们的大脑重量约为 1.4 千克，30 岁时则达到了成熟的 1.5 千克。

但到了 80 岁左右，大脑的体积逐渐缩小，重量降至 1150—1250 克，约损失了 20% 的质量。尽管我们通常将衰老的大脑与阿尔茨海默病和帕金森病等疾病联系在一起，但我们完全有可能在不患任何常见神经退行性疾病的情况下，健康地度过认知衰老期。

我推荐《大脑百科》(*The Brain Book*，2012)，该书由澳大利亚新南威尔士大学神经生物学教授肯·阿什韦尔(Ken Ashwell)博士所著，详细解释了大脑的发展、功能、疾病以及整体健康。

◆ 这一切都在你脑海里

大脑，作为人类大脑与心智的硬件组件，被包裹在颅骨内，与外界没有直接接触。单独的大脑无法感知任何事物，甚至无法感受到疼痛；它也无法听、看、闻、尝或说话。它没有运动部件，也没有肌肉。

颅骨被证明是大脑最有效的保护结构。就像一顶量身定制的头盔，它不仅保护着我们最重要的器官——大脑，还容纳了大脑接收外界信息的智能传感器及其配套组件，如鼻子、耳朵和舌头。

从设计上看，颅骨本身就是一个工程奇迹。为了在不增加重量的情况下最大化其坚固性，颅骨并非一个倒置的实心骨碗（如许多人所想）；它实际上由 23 块骨头组成，其中大多数内部是空心或者多孔的，以增加其强度。

这些骨头通过叫作缝合线的关节连接。在婴儿期和青少年期，当大脑仍然在生长时，缝合线保持一定的柔韧性，以便于骨骼生长，但到了成熟期，它们已经变成了坚固的接缝。一个重要的例外是下颌骨，它在两侧有铰链连接，尽管如此，它仍然被视为颅骨的一部分。

虽然大脑被紧密地包裹在保护性的颅骨内，但由于周围有一层脑脊液的保护性包裹，它的封闭环境保持着舒适状态，脑脊液能够为大脑和连接的脊髓提供缓冲，抵御外界的冲击。

◆ 这些就是记忆

人类的大脑与心智不断地每纳秒更新其记忆库，以非易失性的格式存储获得的信息（在正常情况下，这些存储空间不会被意外删除）。

检索大脑记忆库中存储的信息的时间可以非常短，特别是在应对危及生命的情况时，在说话等日常活动中，以及在同时阅读并且理解文字或者乐谱时。

这些人类的存储和检索能力在设计和性能上远远超越了即便是最先进的计算机和智能手机。而且值得再次强调的是，大脑与心智在完成这一切时所需要的能量摄取和散热功率极其有限。如果有人抱怨一项具有挑战性的任务让他们的"大脑烧焦了"，请不要从字面意思上理解——那只是感觉如此！

无论是清醒还是睡眠，大脑与心智不断地通过多个输入端口处理海量的信息，这些端口包括存储在长期记忆中的旧信息、近期存储的短期信息、来自身体内部智能传感器的信号，甚至还有来自外部环境的更多信号，这得益于我们熟悉的感官能力——视觉、听觉、触觉、味觉和嗅觉。

无论任务或者情境如何，我们的大脑与心智在执行所有功能时，都高度依赖其存储的长期记忆和短期记忆。

例如，当我们"看"时，眼睛的晶状体、视网膜和视神经提供了一种输入来源，但这并不是唯一的输入。为使得视觉感知有意义，我们的物理视觉需要激活大脑与心智中存储的相关信息，同时还需要来自其他感官的补充输入。因此，视觉是一个完全主观的人类活动。

在监控和调节我们所有非自主的身体功能，如呼吸、心率、血压、体温、消化和身体平衡时，大脑与心智不断地做出决策，而我们通常对于此毫无察觉。

现实真相 Real-world fact

尽管大脑被紧密地安置在颅骨中,人类的记忆却能够在长达百年的人生中存储和提取大量的信息,图像、声音、情感、语言技能、肌肉记忆等。如果用存储微芯片来处理这些信息,并且将其安置在一个更大的空间中,可能需要成千上万块芯片,才能够做到其中的一小部分。

如果一个成年人的大脑包含约 1000 亿个神经元,那么它还会有更多的神经连接将这些神经元相互连接——一个难以想象的数字:**100 万亿**!记忆真正发生的地方是这些连接,而不是神经元本身。这是一项设计和工程上的奇迹,今天的电子设备根本无法复制这一点;然而,人类依然不断尝试。

大脑外部和内部结构的蛇形折叠和环绕形状,使得在相对狭小的颅骨容器内,能够最大限度地利用表面空间来容纳千亿个神经元和百万亿个连接,同时仍然保持它们之间微观尺度的空隙(称为突触)。这一设计特征虽然合乎逻辑,但大脑为什么分为两个相等的半球,仍然是一个工程学上的谜团。

每个神经元的计算操作其实非常简单:它只有在接收到的输入信号超过某个特定阈值时才会被激活。这种操作是异步的,意味着神经元不需要任何定时器或者警报触发器就能够自行激活。

然而,设计异步运行的微芯片电路非常困难,特别是对于高度复杂的系统,因此几乎所有微芯片电路设计都与时间脉冲信号同步运行。

每个神经元的输入数量称为"输入扇入数"（fan-in number），而它的输出数量则称为"输出扇出数"（fan-out number）。正如我们刚才所了解的，这两个数字都是庞大的。

在我们异步的大脑系统中，神经元只有在需要时才会激活。但是，如果大脑在某种程度上受损或者患病，导致神经元开始同步激活，心智和身体就会进入癫痫发作状态。如果这种状况得不到治疗，大量神经元的失控同步放电可能会导致大脑失去管理和调节非自主功能（如呼吸、体温、心跳和血压）的能力，最终可能导致死亡。

大脑尽管从不真正"休息"，其活动在睡眠中也会减慢并发生变化。睡眠中的梦境虽然已经被广泛研究，但依然是一个深奥的谜团。当大脑创造出带有色彩和声音的动态画面时，它到底在做什么呢？有时这些影像似乎与我们的实际经历几乎没有任何关联。

一些睡眠专家和神经学家认为，做梦让大脑得以自我刷新、整理记忆，即所谓的"清理"过程。许多研究表明，长期缺乏睡眠的人也几乎没有梦境，并且更容易受到心理健康问题的困扰。尽管关于做梦的大脑谜团还有很多未知，保证充足的睡眠对于整体健康仍然是强烈推荐的。

◆ 一个煮鸡蛋

到目前为止，我们已经知道人类的大脑与心智是地球上最复杂的结构。但从外观上看，它并不特别引人注目——它的质地像软软的煮鸡蛋，呈现一种单调的灰色，主要由脂肪组成，这些脂肪是支撑千亿神经元的缓冲材料。

　　然而,正如我们所发现的,它可以存活 100 年(有时甚至更久),几乎没有任何磨损,也不需要休息。它始终在工作,在身体或者心理上的疾病和伤害中接收痛觉信号,提醒我们某些地方出了问题。它还使得我们能够处理信息、推理、做梦,并且体验从爱与愉悦到绝望与愤怒等各种情感。当我们受到威胁时,它激活我们的肌肉,促使我们逃跑或者反击。它调节我们所有的身体功能,以及刺激性反应和化学反应,以确保我们物种的繁衍。

　　人类的大脑与心智的一个惊人能力是学习,这一能力远远优于最聪明的动物。

　　学习远不止于为了生存而处理信息。它关乎打造一个灵活、好奇和成熟的心智,在这个心智中,许多技能以独特的方式交织在一起,通过我们的语言、歌曲、舞蹈、音乐与文学作品、视觉与触觉艺术、运动才能、科研、发明、发现等途径,展现出创造力。

　　尽管人类通过有组织的学校教育在几千年中规范了学习过程,但我们从婴儿时期开始学习的大部分内容,依然以自由流动、无监督的方式发生,因为我们的大脑天生就具备这种能力。

 生活贴士　**Lifestyle tip**

　　你的大脑与心智是你拥有的,或者将来拥有的最宝贵的资产。请在生命的早期开始呵护它、保持它和身体的健康,来提升它的潜力和寿命,使得它能够持续发展。

◈ 智能传感器

我们的智能传感器也是高度复杂的系统，不仅体现在它们的构造上，还体现在它们如何将信息传递给大脑与心智的方式。

根据定义，"智能传感器"是一种测量输入量并且进行部分处理，然后将信息发送到中央位置的设备。我们的大脑与心智则在中央处理接收到的来自五种感官的信息，记忆它，并根据这些信息做出反应，而我们往往并未意识到这一过程的发生。

大脑与心智是如何在我们一生中存储和记住数十万种图像、声音、语音、气味、味道和触感的，至今仍然没有完全明了。事实上，我们仅仅触及了这一谜题的表面——这又是另一个工程奇迹。

说到有用的传感器，你知道我们人类拥有大约 1000 万个嗅觉受体吗？

尽管狗的嗅觉受体数量约为我们的 100 倍，但我们人类的嗅觉在某些气味的敏感度上仍然非常强大。我们的大脑天生就编程为对于某些气味特别敏感，如与性相关的气味。几千年来，人类就已经知道，麝香——从某些鹿种的性腺中提取的物质——能够使得香水更加引人入胜和富有性感魅力。

我们的味觉依赖于口腔内大约 10,000 个传感器，其中大多数位于舌头上。它们预设为区分五种主要的味觉类型：甜、酸、咸、苦、鲜。

我们在舌尖尝到甜味，在舌侧尝到酸味，舌面感知到咸味，苦味则在舌后部被识别。至于鲜味，则可以通过整个舌头以及口腔的其他部位来感知。也许正因如此，它成了许多亚洲食品中最受喜爱的味道之一。

　　舌头的每个感受区都被预设了不同的敏感度。我们可以在二百分之一的浓度中感知到甜味，而苦味的感知灵敏度则高达**二百万分之一**；这或许是进化过程中为了让我们能够识别毒素而设立的保护机制。

　　尽管味觉为我们带来愉悦和享受，但它比嗅觉敏感度要低得多。要品尝某种物质所需的分子数量，比闻到它所需数量的25,000 倍**还多**。

　　耳朵是我们另一个重要的感觉器官。它是一个集生物接收器、音频放大器和信号处理系统于一体的微型装置。一个健康的人类可以听到从 20 赫兹(最低音调)到 20,000 赫兹(最高音调)范围内的声音。

　　声波到达一只耳朵的时间比另一只耳朵早了那么一瞬间，而且声音的压力也稍有不同。这些微小但重要的差异使得大脑与心智能够判断声音的方向和来源。接下来，我们存储的记忆会帮助识别声音的特征及其重要性。这是你母亲的嗓音，是贝多芬《第五交响曲》的开场旋律，还是火灾警报的声音？

　　我们的耳朵如此敏感，以至于需要三种不同类型的扬声器来复制它们的听觉范围——低音扬声器处理最低频率，中音扬声器处理中频，而高音扬声器则负责最高频率。除了令人印象深刻的听觉能力外，我们的耳朵还构造了一个精确的内耳网络，其中包括充满液体的半规管，帮助我们保持平衡感。

　　视觉是我们所有感官中最为复杂的。我们的眼睛收集并且传递给大脑与心智的信息量极为庞大，远远超过我们大多数人能够想象的。两只朝前的眼睛为我们提供了双眼视力，使得我们能够瞬间判断距离和深度；当这些信号传递到大脑与心智时，它会以三维的方式处理它们。

　　当大脑与心智处理视觉信息时，它会根据需要向身体发送信号；这些信号会促使我们采取行动。当一个人失去视力时，大脑与心智往往能够通过"重放"过去经历的场景和图像来弥补这一缺失，就像昨天发生的一样清晰和准确。

　　对于天生失明的人来说，大脑与心智可以通过听觉、触觉、嗅觉和味觉来"看"外部环境。没有任何机器能够真正复制这种令人惊叹的适应能力。

　　将人类触觉联系在一起的是皮肤，这是一种包裹全身的超级传感器。

　　然而，感知表面和温度的并不是皮肤的外层。皮肤的外层实际上是由一层层重叠的死细胞构成的，这些细胞不断脱落，并且被下方的活细胞所替代。当皮肤细胞向上移动，暴露在空气中时，它们会充满一种叫作角蛋白的纤维蛋白，这种物质也存在于我们的头发和指甲中。

　　在充满角蛋白的外层下面，活细胞能够感知各种刺激，告诉我们物体是硬的还是软的、热的还是冷的、粗糙的还是光滑的，以及环境中其他许多触感细节。

　　正如莱斯利·克莱内曼在《人体解剖学：牛津通识读本》中所说："手是一个感觉器官，能够将触及物体的大小、重量、质地和温度等信息传递给我们的脑部。"

从这里简要的描述来看,毫不奇怪,人类的智能传感器比智能手机中相应的传感器设计得更好、更高效,无论是摄像头(眼睛)、扬声器(语音系统)、麦克风(耳朵),还是触屏(皮肤)。

那么嗅觉和味觉呢?我们距离发明任何能够模拟人类嗅觉和味觉的效率与准确性的设备都还有很长的路要走。早在 20 世纪 50 年代,喜剧演员和科幻作家就曾幻想过一个拥有"嗅觉电视"的世界,但这似乎永远不会实现。

◆ 常识

在人类中,视觉提供了我们对于外部世界约 80% 的认知。所有文化中都有与英语常见短语相对应的表达,如"眼见为实"(seeing is believing,相信眼前的证据),"我清楚了"(I see,我在智力上理解了),"擦亮双眼"(open your eyes,提高警觉,注意周围),"目击者"(eye-witness,看到重要事件发生的人)或者"一图胜千言"(a picture is worth more than a thousand words,图像包含的信息比文字更容易被处理)。

我们常常听到别人,甚至整个组织,将他们的哲学或者商业实践表述为"拥有远见"(having a vision),又是将眼睛作为真理的象征器官。纵观历史,人类通过发明望远镜、显微镜、相机等,学会了增强和扩展其物理视力的能力。无论是实际的还是想象中的,视觉和观看始终是人类艺术的核心价值——不仅体现在绘画、雕塑、建筑、电影、电视、摄影等视觉艺术中,还体现在表演艺术中，如舞蹈和音乐，在这些艺术形式中，观看艺术家的表演能够增强感官和情感的冲击力。

在谈及心智时，我们经常通过"事后洞察"（hindsight）来学习，即通过我们的历史记忆；我们也常依赖这些记忆，通过"预见"（foresight）来规划未来的行动，提前做好准备，展望未来。

西格蒙德·弗洛伊德（Sigmund Freud）曾指出，人类是以视觉为驱动的生物，即使在想象和梦境中，我们也会"看见"。我们在现实生活中享受徒步旅行或者露营等活动，无论是在森林中还是海边，都经常会在梦中以全彩的形式重温这些经历。出于同样的原因，我们也常常喜欢观鸟，或者把花园打理得五彩斑斓。

然而，有时候，过度依赖视觉（无论是生理上的还是比喻意义上的）可能会让我们与其他感官或者他人的视角产生隔阂。例如，当我们过于专注于一个单一的想法——我们常说的"隧道视觉"（tunnel vision）或者"偏见"（blinkered vision）——我们选择让自己与其他思维方式隔离，错失从不同角度看待问题的解决方案或对生活的不同理解。

在我们刚生下来的几个月，情况显然并非如此。为了生存和理解环境，我们需要以非常基础的方式运用所有的感官。

作为成年人，我们往往将视觉视为我们的"智慧"感官。正如 J. 道格拉斯·波蒂厄斯（J. Douglas Porteous）教授所说，视觉是唯一为我们在"外部和前方"构建宇宙的感官。他写道："它很重要，但它是一种冷静、超然的感官，单靠视觉不足以真正实现自我与世界的互动。与之形成鲜明对比的是，非视觉的世界环绕着感官，甚至渗透到身体内部，并且具有更强大的情感激发力量。这些热烈的情感感官能够强烈唤起，让自我充满愉悦、怀旧、厌恶和喜爱的感觉。"

　　他补充道："特别是嗅觉，它能够强烈并且迅速地唤起情感，因为嗅觉信号直接连接到大脑的边缘系统，这是情感和记忆的核心，比其他感官的信号穿越的突触要少得多。最重要的是，嗅觉和其他非视觉感官与愉悦的体验紧密相连。食物、性爱和宠物的乐趣，如果没有非视觉感官的参与，是无法想象的……因此，嗅觉、听觉、触觉和味觉对于一个人身心健康感的实现和维持至关重要。"

　　或者，用一个我们非常熟悉的短语来理解一个人的多感官方法，我们需要"醒过来（眼睛），闻闻咖啡（鼻子）"①！

　　波蒂厄斯博士是加拿大不列颠哥伦比亚省维多利亚大学的地理学教授，同时也是多部书和诗集的作者，其中包括《心智的景观：感知与隐喻的世界》（*Landscapes of the Mind: Worlds of Sense and Metaphor*，1990）。

　　听觉可以极大地增强我们对周围环境的欣赏。声音是多维的，它既具有方向性，又具有环绕性，能够以强度和频率包围听者。声音通过耳朵传递到大脑时，常常会激发放松感、认知、记忆和情感（涵盖悲伤、恐惧、愤怒、喜悦、希望、期待等）；声音甚至能够在几秒钟内改变我们的情绪。

　　像听觉一样，嗅觉也为我们提供了关于环境的重要信息，对于新生儿来说尤为重要。通过不同的气味，婴儿学会辨别什么是有益的，什么是有害的。作为独立的成年人，嗅觉还增强了我们

---

① 原文为"wake up and smell the coffee"，意为"清醒点，面对现实"，这里采用直译。

对于自然美的欣赏。同时，嗅觉也是我们性别预设的一部分，帮助我们识别那些自然、真实和纯粹的气味。

皮肤作为触觉器官，是我们拥有的最大的智能传感器。短语"保持接触"(keep in touch)源自我们作为重视身体联系以获得安慰和放心的生物的悠久历史。

可以说，我们的味觉是口腔的触觉，我们对甜、酸、咸、苦、鲜或者复合味道的感受器可以提醒我们某些物质可能是危险的，甚至是有毒的。在所有文化中，女性似乎比男性的味觉更敏感，尽管科学证据并不确凿。然而，从比喻和审美的角度来看，女性在时尚、设计、装饰等方面常常被认为比男性的"品味"(taste)更高。

科学家得出结论，尽管人类在视觉、听觉、嗅觉、触觉和味觉这五种基本感官中的一个或多个功能减弱（甚至完全丧失）的情况下，仍然能够正常生活——海伦·凯勒（Helen Keller，1880—1968)就是一个著名的例子，她从婴儿时期便失去了听力和视力——但我们不可能在没有一点儿基本感官意识的情况下生存，这些感官使得我们能够与周围环境进行互动（波蒂厄斯，1977)。

◆ 联觉

乔治·华盛顿大学的神经学教授、联觉领域的开创性研究者理查德·E. 西托维奇(Richard E. Cytowic)在他的书《联觉》(*Synesthesia*，2018)中，将联觉定义为"两个或两个以上感官的自动结合"。

他写道："的确，联觉可能是人类想象力和隐喻的基础与灵感来源。联觉的科学研究现如今涵盖了多个层面——从分子层面的DNA，到早期认知、大脑成像，再到包括艺术和创造力在内的整体生物行为。"

他举了几个例子，说明一些人如何体验到联觉，如将一周的日子与特定的颜色关联，或者看到某些字母、数字和标点符号时，它们会呈现颜色，即使这些字符本身是黑色印刷。

在古典音乐和流行音乐的世界中，联觉早已经被认为是赋予作曲家，甚至一些表演者，创作上的边界优势，使得他们在同行中脱颖而出。

在被诊断或者自认拥有这种复杂感官现象的众多著名音乐家中，包括亚历山大·史克里亚宾（Alexander Scriabin，1872—1915，俄罗斯）、让·西贝柳斯（Jean Sibelius，1865—1957，芬兰）、奥利维埃·梅西安（Olivier Messaien，1908—1992，法国）、利盖蒂·捷尔吉（György Ligeti，1923—2006，罗马尼亚）、弗朗茨·李斯特（Franz Liszt，1811—1886，匈牙利）、乔治·格什温（George Gershwin，1898—1937，美国）、艾灵顿公爵（Duke Ellington，1899—1974，美国）和比利·乔尔（Billy Joel，1949—　　，美国）。

西托维奇博士进一步解释道："联觉揭示了一个人的本质所在。它颂扬了主观自我的独特性。对主观、第一人称体验的重视很重要，因为批评者总是希望通过第三人称的证据来验证这一点，要求机器的技术性验证。我一直认为这很悲哀，因为它暴露了社会要求客观化的偏见。这贬低了个体内心世界及其对个人意义的价值。并非每个人都以相同的方式看待世界，因为每个大脑都以自己独特的方式过滤和提炼宇宙。视角在科学和日常生活中都显得至关重要。"

西托维奇博士还是《品尝形状的男人》(*The Man Who Tasted Shapes*，2003)、《联觉：感官的结合》(*Synesthesia: A Union of the Senses*，2002)、《神经心理学的神经学面向》(*The Neurological Side of Neuropsychology*，1996)以及与戴维·M. 伊戈曼(David M. Eagleman)合著的《星期三是靛蓝色的蓝》①(*Wednesday is Indigo Blue: Discovering the Brain of Synesthesia*，2009)的作者。

◆ 现在该你来说了

大脑与心智向声带发送信号，指示它们发出声音或者讲话时，遵循一种特殊的算法。

位于我们嗓子后部的喉部是包含声带的器官，也是呼吸系统的一部分，呼吸系统还包括我们的肺部和横膈膜。

声带在正常呼吸时放松，空气会悄无声息地通过它们。但当大脑与心智向声带发送特定类型的信号时，声带就会振动并且发出声音。舌头、牙齿、上腭和嘴唇则将这些来自声带的声音加以细化，形成词语、歌曲、音调，或者其他表达性的声音。

身体依赖大脑与心智作为其中央"指挥部"来管理自主和非自主的动作。

这涉及一个庞大的生理通信网络，信号可以以每小时 300 千米的速度来回传递。但有些局部反应几乎是瞬时发生的，它们先执

———————
① 本书中文版参见：湖南科学技术出版社，2017。

行，然后再向大脑与心智报告。膝跳反射就是一个经典的例子。

大脑与心智与我们复杂的神经系统一起，使得人类能够同时执行多个任务或动作。例如，一名摇滚歌星可以一边唱歌、一边跳舞、一边从伴奏吉他手那里接收提示、一边在舞台上移动、一边换乐器，还能够一边向成群的崇拜者挥手。与此同时，身体继续调节呼吸、心跳、血压、体温和消化等生理功能。

这些任务和功能具有高度复杂性，其中一些是自主的，一些则是自动的，都是通过一个异步系统来管理的，这个系统既能够响应预编程的内部和外部刺激，也能够应对编程后的刺激。我们能够再说一遍，这简直是令人惊叹吗？

◆ **你有什么问题？**

相信修复生理大脑一定能够修复心智，就像相信修复计算机的硬件能够解决由病毒引起的软件问题一样。然而，人类确实尝试过这种方法。

葡萄牙神经学家埃加斯·莫尼斯（Egas Moniz，1874—1955）引入了心理外科手术技术（也称为脑叶切除术）来治疗或者缓解精神疾病。

这个过程涉及切断前额叶与大脑其他部分之间的某些连接，同时也摧毁了一些脑组织。虽然在后来的几十年里，这种方法的效果被认为既有争议又值得怀疑，但在当时却被视为一种突破性进展。莫尼斯因此获得了 1949 年的诺贝尔奖。

◆ 历史中的大脑与心智

大约公元前 4000 年，埃及的研究者认为大脑与心智的低层次部分负责行走和日常工作，从照料家畜到设计金字塔，再到统治国家。他们当时认为大脑和包含它的颅骨是同一物体。

他们将人类意识的更高层次——即负责在世界上行善（或者其对立面）——的部分称为心灵。他们认为，心灵及一个人的道德感在生理上并不在大脑中，而是位于心脏。

因此，当一位有身份的古埃及人去世并被制成木乃伊时，大脑通常会被丢弃。而心脏则被单独保存在一个装有防腐液的罐子里，以便在来世接受神明的审判；他们相信，这样做可以让心脏被死者在来世再次使用。

在 1957 年英美脑与功能研讨会上，丹尼斯·威廉姆斯（Denis Williams）在他的论文《意识基础的新旧观念》（"Old and New Concepts of the Basis of Consciousness"）中引用了古希腊历史学家希罗多德（Herodotus，前 484—前 425）的生动描述，该描述记录了上述过程："他们首先取一根弯曲的金属片，用它通过鼻孔将大脑抽出一部分，然后用药物冲洗颅骨，将其余部分清除。"

威廉姆斯博士继续说道："这种随意的处理……或许反映了埃及人对大脑的漠视，这种漠视与他们对于心脏作为心灵之源的尊崇形成鲜明对比。"

心脏包含心灵的概念被多种经典文本所接收，关键的区别在于，心脏和心灵之间的关系被理解为一种**隐喻性**的，而非生理性的关系。

沃尔特·帕格尔(Walter Pagel)博士在他的重要论文《中世纪与文艺复兴时期对大脑及其功能的贡献》("Medieval and Renaissance Contributions to Knowledge of the Brain and Its Functions")中(该论文同样在 1957 年英美脑与功能研讨会上发表)指出:"公元前 3 世纪,大脑在亚历山大学派中得到了精细的研究,特别是以下二人做出了贡献:希罗菲卢斯(Herophilos,前 335—前 280),一位大部分时间都在亚历山大工作的希腊医生,他常被认为是解剖学的奠基人;盖伦(Galen,129—216),一位希腊医生和哲学家。在亚历山大学派中,现代医学建立在解剖学和生理学基础上的理念得到了培养,从而使得盖伦所建立的科学医学体系成为可能。"

帕格尔博士补充道:"尽管缺乏神经解剖学知识,但在希波克拉底(Hippocratic,前 460—前 370)的医学文集中,仍然显现出对于大脑作为控制身体中心的生动认识。在他的《神圣病论》(On the Sacred Disease)中,我们读到以下文字:'人们应该知道,所有的快乐、喜悦、笑声与戏谑,以及所有的悲伤、痛苦、忧虑和眼泪,都源自大脑,且仅仅源自大脑。特别是,通过大脑,我们能够思考、看、听,并且区分丑与美、恶与善、愉快与不愉快。正是它让我们发疯和狂乱,促使我们犯下不合时宜的错误、产生无目的的焦虑、做出心不在焉的行为和与习惯相悖的行动。'"

你知道吗?　Did you know?

关于我们的大脑、推理思维与超越身体层面的精神体验之间的关系的辩论,已经持续了超过五千年。

怀尔德·彭菲尔德博士(1891—1976)，蒙特利尔神经学研究所的创始人之一，也是世界著名的神经学家，引用了希波克拉底的话："我断言，大脑是意识的解读者。有些人说，心脏是我们思考、感受痛苦和焦虑的器官。但事实并非如此。我认为大脑是人体最强大的器官，因为如果它健康，它就能够解读由空气(氧气)引起的现象，因为正是空气赋予它智慧。眼睛、耳朵、舌头、手脚都根据大脑的判断来行动。"

彭菲尔德进一步引用希波克拉底关于癫痫的话："我将讨论一种被称为'神圣'的疾病，但在我看来，它并不比其他疾病更神圣或更神奇。它有自然的原因，所谓神圣起源是由于人们的无知，以及对其特殊性感到惊奇。"

帕格尔博士指出，1—7 世纪的学者们——尤其是奥古斯丁(Augustine of Hippo，354—450)、卡西奥多鲁斯(Cassiodorus，490—约585)、本尼迪克特(Benedict，480—547)和塞维利亚的伊西多尔(Isidore of Seville，约560—636)——"深切关注心灵的本质、心灵可能的物质性、它在身体中的分布或者集中在某些部位、其起源以及在人的表现形式。他们不得不参考古典作者的资料——至少是他们所拥有的资料，并且在此基础上界定自己的立场"。

之后，在8—14 世纪这一时期，一群杰出的博学者——这些人都同时是医生、生物学家、心理学家、数学家、科学家、哲学家、诗人、天文学家和政治家等——研究人类的大脑与心智，并且撰写了大量的参考书，记录他们的发现。其中特别著名的人物包括巴尔希(Balkhi，850—934)、阿维森纳(Avicenna，980—1037)和伊本·纳菲斯(Ibn al-Nafis，1213—1288)。

加利福尼亚大学旧金山分校医学与精神病学史教授伊尔扎·维斯(Ilza Veith，1912—2013)在论文《非西方的心理功能概念》("Non-Western Concepts of Psychic Functions")中回顾了古代东方的观念，她指出："……强调数字和数字关系作为有序宇宙的表达；相信心灵只是暂时驻留在人类身体中，心灵根据其在前世的行为进行轮回，并且在达到完美后会天人合一。"

◆ 成像技术

以下是当前用于研究人体结构、组织和大脑功能的成像技术。在研究中，有些技术是联合使用的。

事实性知识

- 血管造影：一种特殊类型的 X 光检查，能够产生血管图像，包括头部的血管。
- 计算机断层扫描(CT)：通过数字处理 X 光图像生成三维图像。
- 电子束断层扫描(EBT)：电子束被指向置于患者下方的钼靶，图像通过计算机处理生成。
- 脑电图(EEG)：将电极附着在患者的头皮上，检测大脑电活动的区域变化。其优点是能够跟踪电活动的变化，缺点是其解剖分辨率非常差。
- 电子显微镜(EM)：与使用透镜聚焦光束的传统显微镜不

同，电子显微镜使用电磁铁在真空中聚焦电子束，放大倍率可达到百万倍。然而，由于活组织无法在真空中存活，电子显微镜无法用于观察活组织。

- 内窥镜：一种装在电缆上的微型摄像机，可以拍摄体内的图像。

- 眼底照相机图像（FCI）：一种专门的相机，用于拍摄眼睛后部区域（称为眼底）的图像。

- 功能性磁共振成像（fMRI）：通过在执行特定任务时实时生成大脑图像，来监测大脑活动。

- 伽马照相机扫描（GCS）：也叫闪烁照相机，是核医学中最常用的成像设备。它可以同时记录身体的动态和静态图像。

- 光学显微照相（LM）：一种放大倍数可达 1,250 倍的光学显微镜。

- 微距照相：使用微型镜头拍摄的照片。

- 磁共振成像（MRI）：将人体置于磁场中，磁场使得体内的原子激发，从而发出信号，生成图像。

- 正电子发射断层成像（PET）：与 CT 相似，追踪注入体内的放射性物质。

- 树脂铸型：不用于活体组织。

- 扫描电子显微镜（SEM）：电子束照射到旋转的物体上，反弹回来的电子束形成三维图像。

- 透射电子显微镜（TEM）：电子束聚焦在染色的组织上，通过组织的电子束图像被记录下来。

- 热像图：生成红外热辐射图像。

- 超声波：使用高频声波记录图像。
- X 光：具有比光波长更短的电磁辐射，穿透组织，在另一侧的摄影板上形成图像。

 微芯片和人工智能如何帮助大脑和心智

自 17 世纪电力应用的发现、19 世纪电子学的兴起，以及 20 世纪和 21 世纪微芯片设计与人工智能(包括集成和微型化等特性)的进展以来，生物医学设备的应用显著改善了我们的生活。

这些设备能够做从更早地检测脑肿瘤，到让牙医拍摄详细牙齿全况照片的各种事情。甚至通过 3D 打印制作的一些身体部位(如替代关节)也已经问世。未来还有更多的创新等待着我们！

 科研前沿 In research

新的人工智能辅助成像技术正在不断发展，以帮助医疗专业人员进行患者的预筛查以及重大疾病和症状的早期诊断。

Chapter V 第5章

大脑与心智连接（第二部分）
The Brain-mind Connection II

　　至少可以说，描述或者定义大脑与心智如何连接是困难的，因为这种连接发生在许多不同的层面上。

　　在数学上，大脑某一特定区域作为生理器官与其所引发的思维、情感和行为之间的连接，可以是线性或者非线性的。它可以是幂函数，如立方或者平方根，也可以是指数函数，或者阶梯函数。

　　此外，大脑与心智的连接也是主观的。也就是说，它是定性的而非定量的。即使是同卵双胞胎，在同一个家庭中长大、在同一个地方生活，他们的大脑与心智的连接也会有所不同。

　　研究大脑与心智的联系有一种特别好的方式是研究语言。人类使用语言来思考和交流。语言技能的有效性和流利度是衡量大脑与心智连接运作的一个极好的指标。

　　正如我们之前提到的，人类工程设计的设备也使用语言。机器语言的最高级别体现在计算机和智能手机中的编程语言。这些语言只有开发和使用它们的程序员才能够完全理解。

　　像 C 语言这样的高级软件语言并不是一种可以用口头或者书

面形式表达以便人类理解的语言，而是程序员用来向机器传达指令的工具。

为了让机器理解并且执行指令，编程语言必须进一步被转化为硬件语言，即代码的比特和字节。在语言层次的最低级别，没有人能够直接理解这些编程，除非通过逆向工程——这是一种困难的过程，涉及一对多映射（即一个代码可以映射回多个程序，但其中只有一个是正确和符合预期的）。

机器硬件与软件语言之间的关系远比人类语言的复杂性和精致度要低。在计算机和智能手机中，我们将这些人类语言称为"自然语言"。

人类的大脑与心智使用"自然语言"来整合高层级和低层级的编码，使得其能够通过书面和口头形式与他人交流。这是我们表达思想和情感的方式，是我们讨论、描述、唱歌、朗诵的方式，是我们报告过去和现在事件的方式，也是我们在未来回想这些事件的方式。

人类自然语言的一个独特之处是，它们能够轻松地涉及时间的各个方面——过去、现在或者未来。而机器语言则没有这种能力，而且即使是动物王国中最具感知能力的非人类沟通者也不具备这一点。

麦克唐纳·克里奇利（Macdonald Critchley，1900—1997）博士在他于 1957 年在英国伦敦召开的英美脑与功能研讨会上所发表的论文《对我们关于语言起源的认识的批判性回顾》（"A Critical Survey of Our Conceptions as to the Origins of Languages"）中，引用了马克斯·穆勒教授（Max Muller，1823—1900）的话，称"人类语言比大脑的褶皱或者颅骨的角度更加具象。它不容置疑。任何自然选择的过程都不可能从鸟鸣或者野兽的叫声中提炼出有意义的词语"。

克里奇利教授是神经学家，也是当时世界神经学联合会的会长，他发表了 200 多篇研究论文，著有 20 本书。他进一步引用了前辈马克斯·穆勒教授的话："尽管动物界的边界不断向前推进，以至于曾一度认为动物与人类之间的界限仅仅取决于大脑中的一个褶皱，但有**一个**障碍，至今没有人敢触碰——那就是语言的障碍。没有任何一个动物种群能够创造出语言。"

然而，近年来，尤其是海洋科学家的研究越来越关注鲸鱼复杂并且不断变化的"歌曲"是否实际上构成了"语言"，人类是否有朝一日能够解码这些声音。

大脑与心智的联系在治疗精神疾病以及其他神经和心理障碍方面也发挥了重要作用。

在 8—14 世纪，大脑的健康通过饮食进行疗愈，特别是使用特殊的食品补充剂。

当时，人们认为心智包含三个层次：Nafis(最接近生理大脑)，Qal'b(位于生理心脏内)和心灵。医生通过饮食方法来疗愈 Nafis，而 Qal'b 和心灵则通过个人和社会干预进行疗愈。

这些疗愈方法在巴尔希、阿维森纳和伊本·纳菲斯的著作中有详细记载。很少使用药物来治疗精神健康患者的行为变化。

曼彻斯特大学的马修·科布(Matthew Cobb)博士在《大脑传》[①] (*The Idea of the Brain: A History*，2021)中指出，现如今，许多

———————

① 本书中文版参见：中信出版社，2022。

不同的药物被开具，用以"提高大脑中血清素的水平，从而缓解抑郁症的症状"。

另外，伊尔扎·维斯教授在她发表于 1957 年英美脑与功能研讨会上的论文《非西方的心理功能概念》中指出："……大脑一直被非西方的哲学家和医师完全忽视……东方对于大脑的无知，根本原因主要（尽管不是完全）在于，几乎普遍缺乏解剖学信息。另外，这也与医学和哲学信念等有关，这些信念允许形成特定的精神功能理论……在东方思想的范畴内，这些理论源自中国的宇宙生成学说及其衍生的信念，即人类由与宇宙相同的元素构成……"

维斯博士补充道："选择性血清素再摄取抑制剂（SSRIs）通常以其在美国最成功的版本——百忧解（Prozac）而为人知，已经在全球范围内广泛开处方。许多患者认为，正是因为这些药物，他们的生活发生了翻天覆地的变化。然而，我们关于服用 SSRIs 时发生的具体过程的理解几乎是空白的。"

阿伯丁大学历史与科学哲学教授 W. P. D. 怀特曼（W. P. D. Wightman）博士在他的论文《神经科学中的思想战争——从威利斯到比沙，从洛克到孔代利亚克》（"Wars of Ideas in Neurological Science—from Willis to Bichat and from Locke to Condillac"，同样出自 1957 年英美脑与功能研讨会）中指出："勒内·笛卡尔（René Descartes，1596—1650）确实曾从他对于酒精蒸气进入大脑后奇特效果的理解中汲取灵感……神经和大脑之间的这条相对狭窄的联系，不仅用于区分精细与粗糙、纯粹与掺杂，还用于让一种极为精致并且细腻的液体，就如同从血液中蒸馏出来的一样，在大脑中进一步精炼；因为在这里，它经过一种类似发酵的过程，进而被挥发，变得更加适合执行运动和感觉的功能。"

 记忆

正如我们所知，人类的大脑与心智和智能手机在功能完全有效地运作时，都依赖于存储的记忆。然而，它们之间存在巨大的差异。

对于智能手机来说，它们的记忆是物理上明确定义的硬件组件，可以通过如云计算平台、外部硬盘等方式扩展存储，或者通过非便携式计算机内部的硬盘存储进行扩展。然而，到目前为止，这种情况在人类的大脑与心智中并不存在。

此外，智能手机和其他计算设备中记忆的物理位置是容易访问的，它可以被映射为信息和知识，反之亦然。

但人类记忆本质上是一个网络，而不是一个特定的位置。这个网络分布在千亿个神经元之间。事实上，我们的认知神经元嵌入在一个虚拟的记忆海洋中。在计算机科学术语中，我们称这种网络现象为"内存阵列逻辑"(Logic in Memory Arrays，LMA)。

人类记忆还通过设计与其自身的"词典"，即联想记忆(Associ-ative Memory)相连接。也就是说，在保存新信息之前，大脑会将其与已有的知识和以前保存的信息进行关联。这使得记忆空间的占用减少，比计算机或者智能手机更为高效。

人类的记忆能够产生爱、愉悦和对于美的欣赏、悲伤、抑郁、愤怒或者焦虑等情感。而不论是好是坏，人类的记忆都很难被删除。

这与智能手机和计算机的记忆正好相反，智能手机和计算机的记忆存储在微芯片的特定位置，而不是分布在整个设备中。用户可以通过过滤器对机器存储的记忆进行处理，以在社交记忆平台上创造怀旧感。然而，这些记忆本身不能够产生情感，除非它们与用户主观的查找列表相连接。

　　机器记忆也可以通过点击一个按钮来删除。虽然它们可以在固定的有效期内被检索，但也可以同样轻易地被永久丢失。

　　然而，人类的大脑与心智如此复杂，以至于科学家们尚未能够准确地绘制出不同类型信息存储的具体位置。

　　或许有一天，借助理论计算机模型，能够追踪到这种映射。但科学面临的重大挑战在于，人类的记忆是我们心智的副产物；这是一种软件现象，而非大脑的生理（或者硬件）方面。

　　这一点从以下事实中可以看出：我们大脑中的神经元数量在整个生命周期中变化不大，从婴儿到老年，除非由于阿尔茨海默病或其他脑部疾病导致神经元受损。然而，这有限数量的神经元所承载的记忆却是巨大的，并且不断增加。

　　保持大脑及其记忆能力健康的最佳方法是遵循总体健康的基本原则，包括身体、心理和精神健康。2023 年 12 月正式迈入 80 岁的我，现在正在这样做：

　　　　1. 午睡。

　　　　2. 不过度饮食。

　　　　3. 选择健康、尽量少加工的食物。

　　　　4. 每天锻炼。

5. 每天冥想。

6. 每天阅读和写作。

7. 每年旅行。

8. 不吸烟。

9. 不饮酒。

10. 避免使用非处方药物。

11. 不担忧。

12. 间歇性禁食。

 生活贴士　Lifestyle tip

关注身体健康的意识已经越来越普遍，现在我们需要更多地投资于关照心理和精神健康。

这只是我的个人清单，你也可以写一个属于自己的。也许有一天我会加上一条：**记得每周一扔垃圾！**

人类的记忆是活跃的，持续不断地变化，每一天的每一秒钟都是如此。由于记忆信息存储在一个互相连接的神经网络中，几乎不可能将特定的记忆位置相互隔离。

这种信息存储的过程既是整体性的，也是无意识的。例如，我们可以记得曾经吃过的食物的味道、气味和质感。甚至记得吃的时间、地点以及和谁一起吃。然而，所有这些都在我们没有意识到的情况下发生。

在智能手机中，我们执行应用程序时使用的是无意识的记忆功能。而当我们故意点击"保存"或者轻松点击"删除"时，记忆变成了自主可控的。这是因为智能手机的操作系统确切知道它将特定的信息保存在哪里。

人类的大脑与心智并非如此。记忆可能存在于神经网络中，但由于创伤，它们可能暂时或者永久无法访问。这就是从某些类型的身心因素造成的脑损伤中恢复可能极其困难的原因。

记忆在学习过程中扮演着重要角色，无论是在大脑思维中，还是在智能设备使用的应用程序中。学习在科学上被分为四种类型——无监督学习、监督学习、强化学习和联想学习。记忆本身则有五个类别——短时记忆、长时记忆、语义记忆、程序性记忆和内隐记忆。

我们的生物大脑与心智系统能够轻松识别哪些类型的学习和记忆最有效地结合在一起，它能够自然而然地完成这一过程。然而，在设计能够学习的机器时，整个过程则要复杂得多。

由于人类的记忆是有限的，它以无意识模式运作，以节省存储空间并提高提取速度。我们可以通过意图作为动机来覆盖这种模式，从而记住某个特定的信息。例如，有人可能会大声说："我永远不会忘记你。"

人类也可以通过玩"脑力游戏"或者进行每日脑部锻炼，有意发展和测试自己的记忆。而当我们有动力去学习做一些自己喜欢的事情时，无论年龄大小，我们也在提升自己的记忆能力。相比之下，你无法通过锻炼智能手机的记忆来延长它的使用寿命或者促使它更高效地运行。

为了让大脑与心智系统习惯执行某个特定的行为或者技能，我们必须每天练习，直到熟悉它；任何被要求学习每个大小调音阶的音乐学生都会明白这一点。重复是学习新语言(无论是口语、阅读还是写作)最成功的方法。这同样适用于阅读乐谱,或者其他具有特定符号解释和相应动作的模式。

在这些过程中,短时记忆和长时记忆都会被利用。然而,即使在我们非常有意识并且有意图地进行技能习得(如每天进行乐器练习)时,很多技能的获取实际上也是在潜意识层面进行的——这又是我们的大脑与心智连接令人惊叹的另一种表现。

我们第一次学习阅读,是通过父母或者老师的监督学习来进行的。这需要调动我们"智能传感器"的视觉和听觉。眼睛很快学会在文本中快速移动,连接像素——我们日常所称的"字母"——并将它们解读为单词。然后,我们将这些单词转换为语言中的意义,这是我们通过学习所掌握的部分。

当你读一本书时,你不仅理解手中这个物理对象代表着"书"的意义,还理解该书页面上印刷的内容所传达的意思。我们也逐渐明白,不同句子中的同一个词可以有多种含义。对于每一种"自然语言"或者说人类语言,这种直觉性的处理过程都是一样的。

同样,成熟的人脑对于语言处理、语言理解以及文本—语音互相转换几乎是毫不费力地完成的。但编写一个算法,使得机器能够在多种语言中执行这些任务却极其困难。事实上,即使是最先进的算法,也远不能够达到和大脑与心智系统相同的准确性和速度,并且能够使用同样少的存储空间、能量和功耗。

现实真相　Real-world fact

　　尽管智能设备不断变得更加智能，但没有任何一款设备能够接近复制人类大脑与心智系统在容量、存储、寿命、能效或者自我修复能力方面的优势。只要得到合理的身体和精神护理，这个人类"软硬件设备"有可能持续工作长达 100 年。

 可重构和模块化

　　大脑与心智系统能够在极小的空间和能量消耗下，准确地执行如此多独立的和同时的任务的两个重要特征是它们既**可重构**又是**模块化**的。

　　一个很好的现实世界的类比是，一个工人团队不仅能够在特定任务上进行专业工作，还能够与同事合作，完成许多其他工作。他们由一位调度指挥，调度可以根据需要瞬间将团队细分为不同的小组，以便在最短的时间内达到最佳的工作成果。

　　在计算机科学中，能够改变众多互联结构的组织方式被称为**可重构架构**，而任务小组的重新分配则被称为**模块化**。这两者的特性都是多功能并且强大，代表了该领域的巨大进步。

　　但人类大脑与心智系统自然地全天候运用可重构架构和模块化。它能够不断重组其约 1000 亿个神经元及其无数连接，这一能力是由原始算法设计者嵌入其架构中的——这是一个工程奇迹！

现实真相　Real-world fact

　　人类大脑自出生前就预编程了成千上万个"应用程序",并且在一生中不断新增十倍的数量。要复制我们这令人惊叹的有机软件,可能需要数百万台超级计算机。

　　在设计具有可重构架构和模块化的计算机软硬件系统时,模仿大脑与心智系统是该领域最有趣并且最具挑战性的任务之一。

　　可重构计算领域的持续研究,对于在设计小型移动设备(尤其是智能手机)时,攻克灵敏与性能之间的权衡问题至关重要。可重构架构可以使得硬件适应运行多种应用,以使性能最大化。通常使用两种重构方法——**细粒度**和**粗粒度**。当硬件和软件同时进行重构时,这种方法被称为**共设计**。

　　佩里·泽恩(Perry Zurn)和达尼·S. 巴塞特(Dani S. Bassett)在《好奇的心智:连接的力量》(*Curious Minds: The Power of Connection*,2022)中写道:"模块化帮助我们解释了好奇心的过程或实践。证据表明,好奇心由两个回路支持:奖励和动机回路、认知控制回路。前者在好奇的探索和采样过程中活跃,反映了获取新信息的动机以及获得新信息时的奖励感。后者则控制探索和采样的时间和性质,部分方法是监控认知资源是应当继续保持在当前目标上,还是该重新定向至其他潜在目标。"

　　他们补充道:"这两个回路并没有与我们刚才描述的模块之间形成完美的一对一映射。相反,这两个回路跨越了这些模块,表明存在一种协调的,时而顺序、时而并行的功能,使得我们能够参与到复杂的好奇心过程之中。"

有趣的是，泽恩和巴塞特是同卵双胞胎，分别是美利坚大学的哲学教授和宾夕法尼亚大学的生物工程教授。他们在神经科学、物理学、网络科学和复杂系统科学等领域已经发表了超过300篇科学研究文章。

◆ 心智有结构吗？

19世纪的科学家和心理学家认为，人类的心智只有三个主要组成部分——情感、意志和认知。但20世纪及之后的研究者发现，心智实际上是一个更加错综复杂且细致的关系网络，其中没有任何一个部分是单独运作的。

亨利·普洛特金（Henry Plotkin，1940—2021）在《心智的进化：进化心理学导论》（*Evolution in Mind: An Introduction to Evolutionary Psychology*，1997）中写道："就像在医学中，人们可能专注于研究身体中某些特定器官的功能和病理，如肝脏、心脏或者大脑，心理学中也存在类似的情况，专注于心智的研究。"

曾经在伦敦大学学院教授心理学的普洛特金博士接着说道："必须强调的是，复杂系统的结构性描述并不意味着功能上的分离。例如，大脑和心血管系统是我们身体中结构上独立的组成部分。但一个系统中发生的事情，往往会影响另一个系统，这种影响有时是深远的。

"情绪状态确实会影响我们关注的事物、我们完成复杂运动协调任务的能力，以及在面临选择时做出的决策。情绪、注意力、运动控制和决策是我们心智中截然不同的部分，具有各自独立的神经连接，但从功能上讲，它们是紧密联系在一起的。当然，这种联系也是结构的一部分。"

在心理学和神经科学中，研究心智的结构对于理解人类行为是必不可少的，"仅仅列举其中几个：从攻击性问题，到如何最好地教育孩子，再到食物选择和药物使用，所有这些都是心理学中的重要议题"。

◆ 睡眠

睡眠，尤其是午睡或者小憩，一直是非北美社会文化中的重要部分。睡眠似乎在维持良好的大脑与心智健康方面，获得的科学和医学关注最少。

我是一个经常午休的好例子。这个习惯始于我在埃及开罗长大时，后来在加拿大当博士生、研究员和教授时也保持了这个习惯。刚满 80 岁的我，并没有像许多同龄人那样患上糖尿病、高血压、痴呆、抑郁或焦虑。我将自己的健康视为长期坚持午休带来的益处。

为了深入了解良好睡眠习惯对健康的益处，我强烈推荐斯蒂芬·W. 洛克利(Steven W. Lockley)和拉塞尔·G. 福斯特(Russell G. Foster)所著的《睡眠：牛津通识读本》(*Sleep: A Very Short Introduction*，2012)。洛克利和福斯特分别是哈佛医学院和牛津大学的神经科学家。

早九晚五工作制的引入是一个负面的文化转变，这一"进步"

与人类自然的昼夜循环相违背。

在这一固定工作时间制度实施之前，人们会随着太阳升起开始一天的工作，在日落时入睡，全年如此。清醒的时间被短暂的午休分为两个活跃时段，这实际上提高了生产力：身体和大脑都得到了休息，恢复了能量。

一个有趣却鲜为人知的事实是，在古代和工业化之前的人类文化中，性爱主要发生在午休时间，这与我们物种的交配本能是相符合的。

如今，我们是唯一在夜晚黑暗时分进行交配的生物，而这一时段本应该是完全休息的时间。因此，打破进化的古老节律，我们同时给身体和生殖系统带来了负担。

睡眠不仅对于让我们身体感觉更好至关重要，还能够积极地为大脑与心智系统充电。睡眠充足的习惯已经被证明能够增强创造力。许多科学家、工程师、艺术家、作家等，往往不是熬夜到筋疲力尽，而是在深睡中途醒来时，突然灵感闪现，提出那些对人类做出的伟大贡献和创意。

睡眠剥夺具有相反的效果，无论是有意施加的还是非故意的。正如酷刑和审讯专家深知的那样，强迫睡眠剥夺会给大脑与心智系统和身体带来巨大压力，直到两者都停止运作，甚至可能导致死亡或者永久性损伤。

在《睡眠：牛津通识读本》一书中，洛克利和福斯特强调了睡眠的重要性：

　　　　几个世纪以来，我们一直将睡眠视为一种简单的活动暂

停，一种被动的无意识状态。然而这几个世纪以来我们都错
了。没有能够理解睡眠的主动性质，也许是我们这个全天候
运转的社会对于睡眠漠不关心的原因之一。充其量，许多人
只是忍受我们需要睡眠的事实，最糟糕的是，我们把睡眠视
为一种需要治愈的疾病。这种态度在商业、政治、工业乃至
医疗行业中被广泛持有。这不仅是不可持续的，而且可能是
危险的。

 细节特写　Close-up fact

　　与良好的营养和规律的锻炼一样，研究发现，午睡是维持
身心健康的同样重要的关键。

◆ 做梦

　　在古埃及，释梦既是一门艺术，也是一门科学。传说中，希
伯来奴隶、身穿彩色衣袍的约瑟，后来成为释梦的高手。

　　他准确解读法老梦中关于七头健康的牛和七头饥饿的牛的象
征，成功地拯救了埃及，使其免于灾难性的饥荒。人们常认为梦
中的象征意义是对于未来事件的预示。这正是约瑟对于统治者的
建议：接下来的七年，尼罗河的洪水将大量灌溉土地，提供丰富
的水分和养分，给国家带来远超需求的丰收。

　　然而，接下来的七年将会遭遇严重的旱灾，农作物将会歉收。
因此，约瑟建议法老，在接下来的七年里，埃及人应当建造大型
粮仓储存所有多余的粮食，以便在预示的饥荒年份中，人们不会

由于饥饿而死。

法老采纳了约瑟的建议，尽管饥荒肆虐，埃及却依然繁荣，而许多邻国却没有能够幸免。甚至约瑟的家人也不得不前往埃及乞求食物。由于法老尊重约瑟及其对梦的解读，他任命这位曾经的希伯来奴隶为宰相。

J. 艾伦·霍布森(J. Allan Hobson)是世界上最著名的研究梦的科学专家之一，现任哈佛医学院精神病学教授，他的研究兴趣中包含大脑与心智的神经生理基础。他已撰写(或合著)了许多关于这一主题的书，如《梦的新解》[①](*Dreaming: A Very Short Introduction*，2002)、《梦：睡眠科学入门》(*Dreaming: An Introduction to the Sciences of Sleep*，2002)、《梦境药店》(*The Dream Drugstore*，2001)、《梦境即谵妄：大脑如何失控》(*Dreaming as Delirium: How the Brain Goes out of Its Mind*，1999)、《意识》(*Consciousness*，1999)、《睡眠》(*Sleep*，1995)以及《梦境大脑》(*The Dreaming Brain*，1988)。

在更早的时期，来自伊拉克巴士拉的学者穆罕默德·伊本·西林(Muhammad ibn Sirin，653—729)收集了当时释梦的资料，并将其写成了 500 页的阿拉伯《梦境词典》(*Dictionary of Dreams*，1992)。该书由穆罕默德·M. 阿尔-阿基利(Muhammad M. Al-Akili)翻译成英文，由天普大学的马哈茂德·M. 阿尤布(Mahmoud M. Ayoub)教授作序。

如今，睡眠研究人员越来越重视梦，认为它是保持良好的大脑与心智健康所必需的功能。

---

① 本书中文版参见：外语教学与研究出版社，2008。

　　无论我们是否记得梦境，做梦似乎都是大脑补充过程的一部分，但只有在经历了一定时间的深度睡眠后才会发生。在我们这些睡眠不足的西方社会中，缺梦越来越被与慢性精神压力联系在一起。

　　《星际迷航》的《下一代》系列 20 世纪 90 年代初的几集剧集围绕梦的缺失对于认知的影响展开，展示了梦与心理健康的医学兴趣。剧中的情节探讨了皮卡德舰长或者"企业号"舰员由于长时间缺梦而出现认知问题的情景，构建了强有力的剧情。

　　他们在做出明智领导决策方面的能力下降，威胁到了所有人的安全。《夜惊》(*Night Terrors*，1991)、《分裂》(*Schisms*，1992)和《心智框架》(*Frame of Mind*，1993)是其中最著名的几集，探讨了睡眠和梦的概念，这些内容在当时既具有争议性，也引起了广泛关注。

◆ 麻醉

　　英语的麻醉(anesthesia)来源于希腊语，意思是"没有感觉"。

　　全身麻醉指的是药物作用于患者，故意使患者产生失去意识的状态。局部麻醉则是指故意中断神经功能，使患者身体的某些部位产生麻木，通常不影响意识。

　　"在全身麻醉下，患者看起来像是正在睡觉，"艾丹·奥唐奈尔(Aidan O'Donnell)在他的《麻醉：牛津通识读本》(*Anaesthesia: A Very Short Introduction*，2012)一书中写道，"但全身麻醉并不是睡眠……全身麻醉被认为是一种由麻醉药物引起的状态(患者无法自发地让自己进入这一状态），并且这种状态是可逆的，也就是说，它不是永久性的。"

他继续写道："有意识的心智负责形成体验以及对于这些体验的记忆。如果只有其中一个功能被中断，大脑可能会形成体验，如疼痛，却没有记忆。全身麻醉暂时中断了体验（感知、意识）以及对于这些体验的记忆的形成。"

◆ 脑震荡

我是一名忠实的足球迷。每次年轻球员用头顶球时，我都会感觉到自己头部的震动。在足球中，"顶球"会对于颅骨产生50—100 G的巨大冲击力，这可能导致创伤性脑损伤或者脑震荡等伤害。

美国疾病控制与预防中心网站表示："创伤性脑损伤是美国主要的死亡和致残原因。"

跌倒约占脑损伤的35%；其次是交通事故，占17%；袭击，占10%；其余38%的脑损伤则由各种接触性运动造成，使得这些运动对于大脑来说是最危险的。在美国，每年约有150万人遭受创伤性脑损伤，其中52,000人因此死亡。创伤性脑损伤治疗的年度经济成本估计超过480亿美元。

◆ 幽默

几千年来，大多数文化都找到了表达"笑一笑，十年少"

(laughter is the best medicine)这一流行格言的说法。

与身体的笑反射动作相关的疗愈和恢复特性在世界各地都广为人知。笑可以增强氧气摄取，刺激心率，平衡血压，并且促使大脑释放内啡肽(一种有益心理健康的化学物质)。

"内啡肽"(endorphin)一词来源于"内源"(endogenous，由体内产生的)和"吗啡"(morphine，一种止痛化合物)。但内啡肽不仅仅是天然的止痛药物，它还能够让你保持积极的心态。内啡肽能够缓解抑郁、压力和焦虑的症状，同时调节食欲，改善自我形象。

除了通过笑声激发外，内啡肽还会在运动、跳舞、做音乐、按摩、进食和性爱等活动中释放。有趣的是，我们的大脑无法储存内啡肽，而是根据需求生成它们；这些内啡肽会立即被消耗掉，直到下一次需要时再产生。

在著作《幽默：牛津通识读本》(*Humour: A Very Short Introduction*，2014)中，诺埃尔·卡罗尔(Noel Carroll)探讨了幽默与情感、幽默心态和认知之间的关系。

他观察到："人们在电影院里和观众一起看电影，比独自在家看同一部电影更容易大声笑出来。事实上，我们说的是'传染性笑声'……有时，情感可以引发心情状态——一种通过其主导作用来调整感知和记忆的心理态度。例如，当一个人感到愉快时，一切看起来都充满了快乐的色彩。"

马里兰大学的行为神经生物学家罗伯特·普罗文(Robert Provine)面向大学生开展了研究，旨在找出究竟是什么让人们发笑。在进行了 1200 次"笑声试验"后，他相信大多数笑声与明显的笑话或有趣的故事关系不大。

畅销书作者、哈佛医学院临床精神病学教授约翰·瑞迪（John Ratey）在他的佳作《大脑使用手册》①（*A User's Guide to the Brain*，2002）中，详细阐述了普罗文的研究发现："显然，社交环境非常重要……人们在紧张时会笑，也会在感到有趣时笑，而在失望时，他们可能会带着讽刺的笑声。"他补充道："1998年，加利福尼亚大学洛杉矶分校的医生报告称，他们通过刺激左侧额叶一个微小区域——补充运动皮层，成功地让一位16岁女孩笑了。"

---

① 本书中文版参见：重庆大学出版社，2012。

Chapter Ⅵ　第6章

身体之外
Beyond the Physical

机器的生命中，没有"身体"之外的东西——但人类有。

大约 5000 年前，我们遥远的祖先就设计出了机器，这甚至比埃及人建造那些古代工程成就的标志性建筑——金字塔还要早。人类早期的机器或者工具，帮助人们进行计算、交流、旅行、规划、学习、教学、生产食物、从事体力劳动、照顾病人、保护老人和新生儿，以及狩猎。

其中一些机器帮助人类去设计出更好的机器。可悲的是，还有一些机器的开发，是为了进行犯罪和战争，来残害同类。其他物种可不会这样做！

说一台机器是智能的或者会"思考"，往坏里说是对全人类的侮辱，往好里说是对我们的潜能的贬低。然而，我们在谈话和写作中，经常使用这个歪曲事实的短语：这种说法更有趣，但不是更有用。

因此，在处理人际互动时，我们不应该忽视"身体之外"的东西。然而，"身体之外"（beyond the physical，BTP）这一术语往往令人困惑，因为它有多个定义、多种衡量方式，以及与我们的物理或生物系统结合的多种方式。

1935 年，传奇的理论物理学家阿尔伯特·爱因斯坦在《我的世界观》(*The World as I See It*)中写道："人类所思所做的一切都与满足内心深处的需要和减轻痛苦有关。如果想要理解精神活动及其发展，就务必要牢记这一点。"[①]

◆ 为何要关注身体之外的东西？

在这本书中，我希望通过探讨真实智慧（大脑与心智）以及基于人工智能的智能机器之间的相似之处——例如，人类联想记忆的数据库似乎无穷无尽，与连接云计算的 VLSI 软硬件系统——来为这两个领域带来有益的进步。

这本身就是将 BTP（无论如何命名之）融入我们生活的一个强有力的论据。

通过强调 BTP 在人类与机器处理之间整合的潜力，我也希望全球企业和政府层面能够转变资金投向，从支持战争和武器生产中转移出来。

BTP 整合的跨学科益处可能是巨大的，尤其是对于那些患有多种癌症、精神疾病和神经退行性疾病（如阿尔茨海默病、帕金森病）的人来说。

我有一个弟弟和一个好朋友因癌症去世，还有几个朋友和姐夫由于阿尔茨海默病而离世。每一次，我都目睹了他们和家人的痛苦，他们被剥夺了尊严和自我认同，只能够无奈地等待生命的

---

① 译文引自《我的世界观》，爱因斯坦著，张卜天译，商务印书馆，2023。

终结，仿佛在死囚牢房之中。

我的女儿最近被诊断出患有乳腺癌，我的第一反应是不敢相信。"她不应该得这种病的。"我心想。她是一个健康的年轻女性，事业有成，专业能力强，还是一名运动员（具有国际水平的马拉松选手）。她饮食健康，非常热爱环球旅行，不喝酒不抽烟。

我的家人和朋友也没有能够幸免于心理健康问题的挑战。我深切体会到，在加拿大，全国各地等待适当治疗的名单都排得很长。然而，与世界上其他许多地区（包括我的祖国埃及）相比，这里的心理健康患者已经得到很多关注了。

近些年来，世界范围内的人们心理健康问题激增，尤其是在儿童和青少年中。

因此，我们比以往任何时候都更有必要去深入研究人类和机器的感官与信息处理。但为了充分了解它们之间的相似之处，我们还必须将基于证据的精神探索视为 BTP 不可或缺的一部分。

伊恩·麦吉尔克里斯特（Iain McGilchrist，1953—　　）是一位杰出的英国精神病学家、神经科学研究者、哲学家、文学家以及电视纪录片主持人。近年来，他撰写了三部具有开创性的著作，深入探讨了人类大脑与心智的联系。它们分别是《主人与特使：分裂的大脑与西方世界的塑造》(*The Master and His Emissary: The Divided Brain and the Making of the Western World*，2010)，《事物的问题：我们的大脑、妄想与世界之解构》(*The Matter with Things: Our Brains, Our Delusions, and the Unmaking of the World*)的第一卷《通向真实之路》(*The Ways to Truth*，2021)和第二卷《那么，何为真实?》(*What then Is True?*，2021)。

在这总计约 3000 页的篇幅中，麦吉尔克里斯特博士论证了这一观点："如果我们正在对自己和这个世界造成破坏，如果我们最美好的意愿却导致了与之矛盾的结果，那是因为我们已经被机械化、还原论的思维方式所迷惑了。这是大脑左半球进化的产物，它不是为了帮助我们理解世界，而仅仅是为了操纵世界。我们对于右半球所洞察到的更加微妙、更加聪慧、更加敏锐的事物早已视而不见。因此，我们似乎已经不再清楚自己是谁、世界是什么，以及我们如何与世界相处。实际上，从某种意义上说，我们已经不再**生活**在一个真实的世界中，而是**存在**于一个自我创造的模拟世界中。"

作为作者的我，希望身为读者的你，能够利用此刻手上的这本书，将基本科学事实应用于三个关键的跨学科主题——大脑与心智的联系和真实智慧，微芯片、智能手机和人工智能，以及正念冥想实践，从而为解决麦吉尔克里斯特博士的一些担忧和恐惧铺平道路。

 细节特写 Close-up fact

凡是有用的——增进你的福祉，为你以及你周遭的人带来更多幸福与益处——就是好的。这条"黄金法则"适用于所有人类文化和社会。

 身体之外的东西，使得人类区别于机器

几年前，我当时 47 岁的儿子不得不接受一场大手术。术后，医生决定让他接受人工昏迷疗法。我非常担心，每天都去探望他，不停为他祈祷。三个月后，他才能够开口和我说话。

然而，我惊喜地发现，除了身体护理外，我的儿子还得到了良好的心理和精神方面的护理。我不知道世界上有多少医院能够为患者提供这些"额外服务"，但我希望所有医院都能够提供；即使今天不能够，也希望在不久的将来能够做到。

将近 20 年前，我撰写了《生命的精神健康：一种社会工程方法》(*Spiritual Fitness for Life: A Social Engineering Approach*，2004)一书。我把这本书赠给了医院的图书馆，以及那些悉心照料我儿子的护士、医生和后勤人员。不久后，我决定将其在我的个人网站上免费发布。

那本书里，我将精神健康与身体健康进行类比，将十多种不同的精神传统综合讨论。我用科学的方式描述了精神健康（这是一项很少有人尝试的工作）、如何测量它，以及它的长期效益。

我儿子术后五个月出院时，他的精神状态比入院前更加健康了。

◆ 精神生活——为何不呢？

极端主义者和各种狂热分子（可悲的是，**各种**群体中都存在这样的人）所带来的问题，不应当阻碍科学研究在"身体之外"的层面探索真实智慧以及大脑与心智的联系，以及这种联系如何影响我们对于机器的理解。这些机器可能极其"智能"，却没有精神生活。

哈佛医学院的赫伯特·本森（Herbert Benson）在《恒久的治疗：

信念的力量与生物学》(*Timeless Healing: The Power and Biology of Belief*，1997)一书中，引用了一项美国马里兰州华盛顿县 9.2 万人参与的研究。这些人每周参与精神生活一次或以上。

研究发现，与普通公众相比，他们的冠心病死亡率减少 50%，自杀率减少 53%。如果我碰巧生活在那个时间、那个地点，我可能也是其中一员。

 生活贴士 Lifestyle tip

无论你的精神传统是什么，或者你没有任何信仰，探索并且滋养自己的精神层面，都将会让你收获更多的幸福和智慧。

我的一生都深切地意识到精神的力量，它帮助我度过了人生的起起落落。作为国际公认的专家，我很感激我的同行们高度认可我在微芯片研究、设计以及应用领域的成就。作为一名刚步入八旬的老人，我也很感激自己的身体健康、心理健康和精神健康都高于平均水平。

我记得我的姐夫每个星期天都会开车送他的妻子去滑铁卢的教堂，并在外面等她。我问他为什么不进去和她一起，他答道："我又不是个罪人！"

在世界著名的加拿大裔美国神经外科医生怀尔德·彭菲尔德(Wilder Penfield，1891—1976)的经典著作《心智之谜：对于意识与人类大脑的批判性研究》中，他写道："等到本书最年轻的读者都去世了，我们讨论的领域(大脑与心智的联系)也不大可能得出最终结论。既然这样，我们每个人(科学家)都应该为自己采用一种个人的假设，这种假设可以是一种精神追求，也可以是一种生活方式，而不需要等待科学对于(人类)心智本质的最终定论。"

这一说法意义重大。彭菲尔德博士不仅是一位职业的神经外科医生，也是一位著名的医学家。他在蒙特利尔执业期间，通过绘制大脑不同区域的图谱，对癫痫的治疗做出了重大贡献。他还是第一个在患者清醒状态下对其进行脑部手术的人。1934 年，彭菲尔德创建了蒙特利尔神经学研究所，并且一直担任所长直至 1960 年退休。他进一步解释道："在日常对话中，'心智'和'精神'……被视为同一概念。至于是否存在人与神的沟通，以及人死后能量能否从外部来源进入其心智，这要由每个人自己来决定……科学没有这样的答案。"

在其他地方，他重申了这一基本谜团："一个世纪以来，绘制大脑不同功能图谱方面的科学研究一直在进行，但其中没有一项能解释心智。它仍然是一个谜……**或许科学家和医生可以走出实验室和诊室，重新考虑我们周围那些天赋异禀的人，从而有所收获。心智——如果你愿意的话，可以称之为精神——是从哪里来的？这谁能够说得清呢？总之它是存在的。心智依附于大脑中某些机制的作用。**"

牛津大学阿利斯特·麦格拉思(Alister McGrath，1953—　　)教授以彭菲尔德博士的这一观点为主题写了一整本书——《大哉问》(*The Big Question*，2015)。

麦格拉思拥有分子物理学和思想史等博士学位，他问道：相信一个超验者和寻找生命意义的需求是否与人类心理硬性关联？

作为一位学者和教师，麦格拉思著作颇丰，包括畅销书《道金斯的错觉?》(*The Dawkins Delusion?*，2007)，该书是对理查德·道金斯《上帝的错觉》[①]（Richard Dawkins，*The God Delusion*，2006）一书的回应。

 现实真相　**Real-world fact**

　　行为科学和精神科学都是循证的。它们与生物学、物理学、化学、数学以及其他实证学科一样，都建立在相同的研究和方法论基础之上。

 精神智慧

　　早在人工智能出现之前，探究人类各种智慧形式的研究者就试图定义情绪智慧，并且开发相应的测试方法。如今，他们又将精神智慧加入了这一行列。

　　"我认为，相较于其他类型的智慧，尤其是人工智能，掌握精神智慧的概念已经变得至关重要。"英国作家、心理治疗师马克·弗农（Mark Vernon）博士在《七步提升精神智慧》(*Spiritual Intelligence in Seven Steps*，2022)一书中这样写道。

　　他继续写道："算法和网络开发的最新进展让专家们越来越认同，人类面临的紧迫问题并非计算机将变得有意识。这个问题是否会发生，不同的人有不同的答案。眼下的担忧是，人工智能已

––––––––––

① 本书中文版参见：海南出版社，2023。

经如此普及，以至于我们有可能忘记了在没有它们丝滑的计划、巧妙的操纵和巨大的问题解决能力的情况下该怎么做。"

他提出，如果我们能够在人工智能时代正确地意识到"保持人类意识意味着什么"，那么我们就能够利用它来蓬勃发展。他为实现这一目标提出了七个步骤：了解自己的故事、发现自由、看清现实、触及心灵、学会面对死亡、与现实共鸣，以及与突如其来的强烈变革为友。

◆ 装扮你的心智

上文提到的阿利斯特·麦格拉思解释说，心智决定"我们要学习和记录什么"。随着孩子逐渐成长，心智越来越依赖于大脑这台"计算机"中存储的记忆和自动行为模式。心智塑造大脑。它为这台"计算机"编程，使得其能够执行越来越多的日常任务。因此，随着岁月的流逝，心智有了越来越多的空闲时间去探索自己和他人的智慧世界。

1940 年 5 月 20 日，C. G. 荣格（C. G. Jung，1875—1961）在给一位朋友的信中写道："如果要绘制曲线图来展示人类的卓越表现，那么身体和大脑的曲线都会在二三十岁时达到各自的顶峰。到了四十来岁，曲线会趋于平缓并开始下降，因为身体和大脑都会经历一些病理过程，不可避免地使得它们减慢……

"到了晚年，与身体和大脑相比，人的心智似乎正朝着自我实现的方向发展。当心智达到理解更清晰和判断更平衡时，身体和大脑在力量和速度上就开始衰退了。

"你的命运是意识和潜意识共同作用的结果。没有人类的心智，潜意识就毫无用处。它总是寻求集体的目的，而从不关注你个人的命运……如果你顺流而下，最终一定会到达大海。"

荣格是世界上最伟大的心理学家之一。上文摘录的信件出自由梅雷迪思·萨比尼（Meredith Sabini）博士编辑的荣格论自然、技术与现代生活的文集《地球有心灵》（*The Earth Has a Soul*，2002）。

◆ 冥想

在《觉醒的科学：冥想是如何运作的》（*The Science of Enlightenment: How Meditation Works*，2016）一书中，真善（Shinzen Young，1944—　　）写道："在所有的精神传统中，内心探索者都发现，解脱状态实际上是一种自然体验，就像你现在的感觉一样真实——而且，通过探究你自己的思想、感觉和觉察，你可以唤醒清晰的洞察力，获得一种不受条件限制的幸福。"

真善曾研习过多种思想流派，作为一位著名的冥想老师和研究者，他广受欢迎，包括为哈佛医学院、卡内基梅隆大学和佛蒙特大学的研究项目担当顾问，提供咨询。

在《觉醒的科学》一书中，他讨论了神经科学、冥想的作用、如何通过内在修行处理心理疾病、如何提高专注力、认知清晰度和平和的心态，以及如何体验自我的"波"与"粒"。在探讨这些及其他主题时，他借鉴了自己对多种精神传统的广泛研究。

同样的问题，由安伯·哈克（Amber Haque）和亚辛·穆罕默德（Yasien Mohamed）编辑、阿卜杜拉·罗斯曼（Abdallah Rothman)作序的《人格心理学》(*Psychology of Personality*，2022)中也有所探讨。该书收录了 14 篇由西方教育背景的心理学家撰写的研究论文。

罗斯曼博士指出："一种基于生物学因素衡量我们是谁的人格模型，与一种假设生物学决定因素可以被超越的精神取向之间，似乎存在着两极分化。然而，二者并不一定是相互排斥的。事实上可以同时接受这两种范式，即身体和精神现实都存在于人类。"

他进一步补充道："我们出生时确实带有一些先天的倾向，这些倾向会在 DNA 中表现出来。同时，我们也有潜力超越这些倾向，基于人类的自然秉性实现人格的平衡。这为我们提供了一个框架，不仅让我们理解自己在完美人格方面应该追求什么，还为我们提供了一幅说明心灵结构的地图。"

 生活贴士　Lifestyle tip

培养至少一种能够让你全心投入且充满热情的爱好。当然越早培养越好，但无论年龄多大，都为时不晚。

 正念

正念是冥想练习的基础。它通过呼吸练习、专注想象、吟诵短语、采用放松的姿势或体态等方式，让你去觉察你自己，以及你与身体存在的关系。这些技巧能够让人调动精神和心理能量来克服疼痛和压力，从而恢复身心健康。

"正念"(mindfulness)一词源自托马斯·威廉·里斯·戴维斯

(Thomas William Rhys Davids，1843—1922）于 1881 年对"萨蒂"（Sati)概念的翻译。戴维斯是斯里兰卡的一位英国治安官，他将"正念"解释为对当前事件时刻保持觉察。然而，直到 20 世纪 70 年代，正念练习才在西方流行起来。自那以后，关于正念的图书层出不穷。如今，几乎到处都提供课程和小组活动，而最近，人们还可以通过流媒体视频参与其中。

《正念疗愈，告别疼痛：找回身心平衡的八周静心练习》[①]（*Mindfulness for Health: A Practical Guide to Relieving Pain, Reducing Stress, and Restoring Wellbeing*，2013)就是众多这种图书中的一例。该书由维迪亚马拉·伯奇（Vidyamala Burch)和丹尼·彭曼(Danny Penman)合著，牛津大学正念中心主任马克·威廉姆斯(Mark Williams)为之作序。书中还附有一张引导冥想的 CD。

威廉姆斯是牛津大学精神病学系的临床心理学荣休教授、荣誉研究员。他的研究领域包括抑郁症和自杀行为的心理学模型。他提出了正念认知疗法（MBCT)的概念，并且是《正念认知疗法与自杀风险人群》（*Mindfulness-Based Cognitive Therapy with People at Risk of Suicide*，2015)一书的作者之一。

他还是《穿越抑郁的正念之道》[②]（*The Mindful Way through Depression*，2007）和《抑郁症的正念认知疗法》[③]（*Mindfulness-Based Cognitive Therapy for Depression*，2012)第二版的合著者。

最近，马克·威廉姆斯和丹尼·彭曼合著了《深层正念：在混乱世界中重新发现平静的新途径》（*Deeper Mindfulness: The New*

---

① 本书中文版参见：天下文化，2014。
② 本书中文版参见：机械工业出版社，2015。
③ 本书中文版参见：世界图书出版公司，2017。

Way to Rediscover Calm in a Chaotic World，2023），该书是《八周正念之旅：摆脱抑郁与情绪压力》①（*The Mindful Way Workbook: An 8-Week Program to Free Yourself from Depression and Emotional Distress*，2014）的配套书。

就在 2023 年，威廉姆斯教授还获得了比利时鲁汶大学心理学与教育科学学院的荣誉博士学位。

◆ 人工智能时代的象征主义？

"象征主义是存在中最为重要的事物，这句话无须道歉。"马丁·林斯（Martin Lings，1909—2005）在其短小而经典的著作《象征与原型》（*Symbol & Archetype: A Study of the Meaning of Existence*，2006）中断言。

他继续解释道："如果深刻理解了象征主义，它便能够彻底改变一个人的生活；可以说，现代世界的大部分问题都是不了解象征主义的意义造成的。任何一种精神传统都教导人们，这个世界是象征的世界，因为它不包含任何非象征之物。因此，一个人应当至少明白这意味着什么。这不仅是因为人必须生活在这个尘世之中，而且最重要的是，如果不明白这一点，人就无法明白他自己……正是尘世中最高级、最核心的象征。"

林斯是一位英国哲学家、学者，著有约 20 本书，其中包括重要的传记参考书《穆罕默德：基于早期资料的生平》（*Muhammad: His Life Based on the Earliest Sources*，1983），以及《〈古兰经〉书

---

① 本书中文版参见：中国轻工业出版社，2017。

法艺术》(*The Qur'anic Art of Calligraphy*，1976)。后者获得了时任英国威尔士亲王(2022 年成为查尔斯三世国王)为之作序的荣誉。

德国著名哲学家阿图尔·叔本华(Arthur Schopenhauer，1788—1860)在《人生的智慧》(*The Wisdom of Life*，2004)中解释道："至于那些头脑天赋极强的人，因为他们应该去解答重大的难题，亦即那些涉及这个世界的普遍和总体方面，因此也是最困难的问题。所以，他们应该尽可能地扩展视野，同时兼顾多个方向，以避免朝着一个方向走得太远而迷失在某一专门的、少为人知的领域里面。也就是说，他不要太过纠缠于某一学科之中的某一专门领域，更不用说去钻那些琐碎的牛角尖了。他不需要为了抛开那为数众多的竞争者而投身于偏僻的学科。每个人都能够看得见的事物其实都可以成为他研究的素材。他可以对这些素材进行全新的、正确的和真实的组合。这样，他做出的贡献就能够为所有熟悉那些资料素材的人欣赏，也就是说，获得人类的大多数的欣赏。文学家和哲学家获得的名声与物理学家、化学家、解剖学家、矿物学家、动物学家、语言学家、历史学家所得到的名声之间存在巨大的差别，道理全在这里。"①

约翰·希克(John Hick，1922—2012)，伯明翰大学哲学教授，著有许多有影响力的图书，包括《宗教之解释》②(*An Interpretation of Religion*，1989，2004)等。

希克博士观察到："我经常参加各种各样的仪式。在所有仪式

---

① 译文引自《人生的智慧》，叔本华著，韦启昌译，上海人民出版社，2014。
② 本书中文版参见：四川人民出版社，1998。

场所中，我很快意识到一件事，这件事一旦注意到，便显而易见，但其意义却十分重大：尽管语言、仪式和文化精神在每个场合都大不相同，但从某种角度来看，它们发生的事情基本上是一样的——那就是人们正于古老而高度发达的传统框架内聚在一起，向他们所相信的、对他们生活提出全面要求的超验者敞开心扉。正如弥迦的话所说，'行公义，好怜悯，存谦卑的心'（《弥迦书》6：8）。"

◆ 达尔文与 BTP

　　进化（evolution）：某物从简单形式逐渐发展到更复杂形式的过程。

　　革命（revolution）：当进化发展似乎进行得太快时，一大群人成功地尝试去改变一个系统。

　　说到智能手机，人们经常说它们是从一代"进化"到下一代；4G、5G、6G，甚至可能进化到 10G 以后。

　　但当我们谈论数字微芯片（我过去半个世纪的专业领域）时，其技术更多被描述为"革命性"的。

　　由于大众媒体的广泛宣传和几乎人手一部（或"每兜一部"）的普及程度，不断进化的智能手机已经被大众所熟知。但 20 世纪 60 年代的数字微芯片革命和摩尔定律——该定律预测，微芯片的容量会在越来越短的时间间隔内迅速翻倍——基本只为该领域的专家所知。

　　成千上万名专业的科学家和工程师的研究积累，才让这种紧密相关的进化和革命得以实现。其中一些人获得了诺贝尔奖等殊荣，并且因此被认可。相比之下，大多数人在自己的同事和同行之外，仍默默无闻。

最宏伟的系统设计——宇宙——当然也是如此。我们的地球，包括其表面与内部的一切，已经经历了约 40 亿年的进化**和**革命，遵循着其至高无上的设计者在无限遥远的开端所设定的法则。

人类自从第一次拥有了自我意识，便一直追问：万物是谁创造的？我们是谁创造的？**为什么**要创造？随着人类的进化，他们创造了各种各样的关于起源的故事，并且不断努力寻找这一切背后的答案。最终，他们认定万物的设计者必须是绝对的，必须拥有无限渊博的知识，而且只能是**一个**实体。并且，这个实体必须如此全能，以至于超越了设计本身。

查尔斯·达尔文在向世界阐述他的进化论时，谈论的是设计，而不是设计者。同样，后来的宇宙学家谈论"大爆炸理论"时，说的也是宇宙的初始设计，而不是设计者。到了微芯片革命时期，著名的关于容量增长的摩尔定律探讨的也是未来的微芯片设计，而不是设计者。

达尔文的进化论于 1859 年首次提出。这一理论连小学生都耳熟能详。但同样重要（或许更重要）却鲜为人知的是鲁道夫·魏尔肖（Rudolf Virchow，1821—1902）。魏尔肖是一位波兰裔德国病理学家、医生和政治家，他最终发现，每一种动植物都是由组织构成的，而每一种组织都是由细胞构成的。在他 1858 年的著作《细胞病理学》(*Cellular Pathology*)中，他首次证明了"每个细胞都必定来自细胞"。

纽约州立大学生理学教授钱德勒·M. 布鲁克斯（Chandler M. Brooks）在他 1957 年的论文《关于整合功能思想的当前发展与过去

演变》("Current Development in Thought and the Past Evolution of Ideas Concerning Integrative Function")中，对于魏尔肖的工作给予了高度评价。

如前所述，摩尔定律的基础是观察到微芯片上的晶体管数量大约每两年翻倍一次。但这更多的是一种对趋势的观察，而非物理定律。其提出者戈登·摩尔是一位科学家兼微芯片制造商巨头英特尔的联合创始人。

摩尔定律有上限**吗**？其提出者从未表态，专家们在该定律何时可能不再适用的问题上也是意见不一。但我们确定的一点是，在过去 10 年（2013—2023）里，微芯片上晶体管数量的增长速度正在放缓。不过，摩尔定律在推动研究人员寻找除硅以外的可用于设计和制造微芯片的材料方面发挥了作用。

同样，与摩尔相比，达尔文在公众中更为知名。这是因为他提出了一个理论来解释他对所有生物的巨大多样性的观察。达尔文是另一位只谈论结果、不谈论设计者的观察者。

此外，达尔文和摩尔都没有讲述完整的故事——他们也没打算这么做。

达尔文的进化论有助于我们理解细菌和病毒的持续变异或突变，以及发展出有效方法来保护自己免受它们引起的疾病侵害。

下面是一些有趣的对比：

- 摩尔定律的时间尺度以年（或者几十年）为单位，而达尔文理论的时间尺度则以**亿年**为单位；
- 摩尔定律是由一位拥有大约 50 年经验的专家设计的，而达尔文进化论背后的设计者拥有无限并且永恒的经验；

- 摩尔定律的设计者非常了解前人的工作，而启发达尔文的设计者是**万事万物**的第一位也是唯一的设计者；

- 摩尔定律的设计者必须遵循已有的物理和化学定律，而达尔文理论背后的设计者从无到有、从**绝对的零**开始创造了所有那些已经存在的定律。

加州大学尔湾分校生物科学、生态学、进化生物学教授，逻辑学与科学哲学教授弗朗西斯科·J. 阿亚拉（Francisco J. Ayala）在《我是猴子吗？关于进化的六大问题》（*Am I A Monkey? Six Big Questions about Evolution*，2010）一书中写道："对于有精神追求的人来说，科学与精神追求的适当关系可以是相互激励和鼓舞的。科学可能会激发精神追求的行为，因为我们对于宇宙的浩瀚，对于生物丰盈的多样性和奇妙的适应性，以及对于人类大脑与心智的奇迹感到敬畏。"

阿亚拉继续写道："精神追求促使人们对于造物、人类以及生命世界和环境产生敬畏。对于科学家和其他人来说，这往往是一种激励力量和灵感来源，来让我们探查这个奇妙的创造世界，解决世界带给我们的难题。"

如果有人对于查尔斯·达尔文本人的立场有任何疑问的话，那么只需要拿起他的《物种起源》[①]（*The Origin of Species*，1859），翻到他所惊叹之处就行了："**生命的多种力量最初是由造物主赋予少数几种形态或者一种形态的，这种生命观是雄伟的。**"

———————

① 本书中文版参见：商务印书馆，1995。

生活贴士　Lifestyle tip

　　在我们这个免费网络信息泛滥的时代，如果你想要获得真知灼见，不妨花时间去寻找一些权威资源。

 复杂系统理论

　　"复杂系统是由许多组件组成的系统。复杂系统的行为是突发性的，也就是说，我们不能够仅从组件的行为中推断出来系统的行为。衡量其复杂性程度的标准就是描述这样一个系统的行为所需要的信息量多少。"位于美国马萨诸塞州剑桥市的新英格兰复杂系统研究所（NECSI）1996 年的创所章程如此表述，由亚内尔·巴尔-扬（Yaneer Bar-Yam）撰写。

　　大脑与心智的联系及真实智慧就是这样一个复杂系统。

　　与 NECSI 相关联的是国际复杂系统协会，该协会为科学家、工程师和社会科学家提供了超越传统学科界限的机会。在这里，他们可以探索复杂系统的复杂性，分享各自的数学工具，对于物理、化学、生物、社会和经济等各种系统进行建模和模拟，并将这些系统应用于心理学、文明建设和管理等领域。

　　在此简要提及 NECSI 及其对复杂系统理论这一数学科学分支的贡献，有两个关键原因。

　　首先要强调的是，科学是帮助人们更全面地理解人类这一地球上最复杂的生命系统的关键。其次，这些不同的科学领域包括行为学、哲学、精神科学，以及其他属于 BTP 范畴的领域。

◆ 多任务处理

人类的大脑与心智以及真实智慧之所以能够达到如此高的复杂程度，是因为它们在设计上非常擅长多任务处理，即能够同时执行多种功能。而且，当受到干扰时，它们也能在多个任务之间灵活切换。为了研究这一设计特点，计算机科学博士达里奥·D.萨尔武奇（Dario D. Salvucci）和尼尔斯·塔特根（Niels Aaatgen）基于他们的研究合作撰写了一部出色的参考书《多任务心智》（*The Multitasking Mind*，2011）。

◆ 相关性、理论与实验

我们的大脑与心智以及真实智慧构成了一个极为复杂的综合系统，因此，研究人员通过构建理论来解释其行为。这些理论会根据观察或者实验中得到的新证据不断地重新评估和构建。

对于物理大脑的研究从微小的神经元层面，到细胞组织层面，最终到最高的系统层面。

类似的研究也可以与心智及真实智慧相联系，而这里正是最需要新的研究工具（如相关性分析）的地方。这些工具是用于表示变量之间的关联程度及其关系的性质的统计测量手段。

劳伦斯·R.坦克雷迪（Laurence R. Tancredi）是一位精神病学家兼律师，也是纽约医学院精神病学教授，他具备独特的资格来探讨这一新兴领域。他独撰或合著了多种法律、伦理和精神病学相关的文章和图书。在《硬性行为：神经科学的道德启示》(*Hard-wired Behavior: What Neuroscience Reveals about Morality*，2005)一书中，坦克雷迪博士倡导对于神经科学与道德、道德与心智、选择的生物学基础以及如何建立道德的大脑与心智的联系等课题开展更多的研究。他写道：

> 在过去数十年里，神经科学的非凡进步加速了身心二元论观念的瓦解。考虑到这些进步，以及未来75—100年内取得重大突破的可能性，本书以一种具有未来主义色彩的基调收尾——涉及优生学——一种可以追溯到人类最早的道德观念的担忧，在古代哲学和律法中都有阐述。

◆ 为创造力、情感、动机、想象力和行为建模

在硬件(解剖)层面，人类的大脑都非常相似。但在软件(心智)层面，每个人的心智都独一无二。

这种神秘性在所有人造系统中都不存在，因为所有人造系统硬件和软件的复杂程度都存在对应的关系。

因此，检查爱因斯坦，或者《星际迷航》中著名的一集《斯波克的大脑》("Spock's Brain")中瓦肯人斯波克的大脑，来看看真实或者虚构人物为什么能够成为天才，几乎是在浪费时间。但如果我们能够用数学模型模拟**活生生的**人类的心智，来研究其创造力、情感、动机和行为，将会非常有用。复杂的数学模型可以让我们纳入诸如基因构造、成长经历、环境、教育、衰老和生活经验等因素。

高级模型可以教给我们很多东西，例如，如何更好地激发儿童的创造力，如何应对老人出现的动机丧失。

对情感和行为进行建模可以揭示更多关于心理健康问题的信息，包括抑郁和焦虑，以及如何将 BTP 因素应用于预防或补救。

然而，试图在智能机器中创造出所有这些性质，也是在浪费时间，除非在科幻小说和科幻电影这种天马行空的世界里。但有一种流行的观点认为，如果我们改进机器建模和软硬件来实现这一点，就有可能设计出具有创造力、情感、动机和其他类似人类行为的机器。

正如计算机科学家安德烈·索林（Andrei Sorin）在《软件与心智：机械论神话及其后果》（*Software and Mind: The Mechanistic Myth and Its Consequences*，2013）中指出："计算器可以正确地把数字加起来，但并不理解我们人类所理解的加法的意义……没有理由认为，一个只是模仿心理行为但工作方式与人类心智不同的模型，在我们改进该模型后，就能够达到哪怕只是平均水平的智力了。"

人工智能专家、计算机科学博士约夏·巴赫（Joscha Bach）在他杰出的参考书《合成智能原理》（*Principles of Synthetic Intelligence*，2009）中，也探讨了创造力、情感、动机和行为的建模。他 2006 年的博士论文题为《合成智能原理：动机架构模块的构建》（"Principles of Synthetic Intelligence: Building Blocks of an Architecture of Motivation"）。

例如，想想看，我们最为熟悉的机器——智能手机，是否融入了类似人类的创造力？

韦恩·戴尔(Wayne Dyer)博士在《意图的力量：学会以自己的方式共同创造你的世界》(*The Power of Intention: Learning to Cocreate Your World Your Way*，2004)一书中认为："我们将受意图驱动的人描述为拥有强大的意志，这种意志不允许任何事情干扰他们实现内心的渴望。"

从戴尔的话中，我们立刻就能够看出，定义和衡量意图并且在人工智能应用程序中复制它是多么困难。

◆ 意识——计算神经科学与神秘体验

所有的精神追求传统都高度推崇闭关修行体验，以恢复大脑与心智联系的健康平衡。

这并不是要逃避生活，而是要形成或者重新发现一种新的生活。因此，闭关修行从不是消极的，它们在主观上总是积极的。有些人甚至报告说有过神秘体验。在我们这个时代，闭关修行的概念变得如此令人向往，以至于许多不信教的群众也寻求它来获得类似的益处。

虽然使用现代脑成像技术在实验室中很难衡量这些益处，但这并不妨碍科学家对其进行研究。

我们将意识理解为一种生理和认知状态，即警觉、清醒并且充分感知周围环境。我们还将之理解为主观上指一个人的身份、思想、道德、人生哲学与人生意义，以及我们如何融入这个宇宙。

吉尔·伯特·泰勒(Jill Bolte Taylor)在其畅销书《左脑中风，

右脑开悟》①（*My Stroke of Insight: A Brain Scientist's Personal Journey*，2006）中，解释了她过去是如何一天好几次地随机选择天使卡，"以帮助我专注于我认为生活中重要的事情"。

1996 年 12 月 10 日，泰勒博士，这位 37 岁的神经学家、哈佛医学院博士后研究员，经历了左脑大规模中风。仅仅四个小时后，她就无法行走、说话、写字，也回忆不起她生命中的任何事情。

但是，这场让她用了八年时间才康复的中风，也给了她一个惊人的启示。它教会了她，只要"向右走"，就能够找到幸福的感觉，发现内心的平静是可以获得的。

十五年后，她写下了《决策脑科学》②（*Whole Brain Living: The Anatomy of Choice and the Four Characters That Drive Our Life*，2021）。

在这本书中，她进一步解释了她是如何使用天使卡的："一套卡片大小不一，每张上面都有一个词（热情、同情、喜悦、富足、教育、清晰、正直、玩耍、自由、责任、和谐、优雅、诞生……）。每天早上我一起床，就会例行抽取一张卡片，邀请一位天使进入我的生活。然后，我会在这一整天中专注于那位特定的天使。我用天使卡来让我重新回到一种慷慨大方的精神状态。"

伦敦圣乔治医院的神经学家丹尼斯·威廉姆斯在他的经典论文《意识基础的新旧观念》中解释道："意识是这样一种状态——一种相对状态——没有主体它就不能够存在。我们使用'意识'（consciousness）这个描述性的词，就好像它是实体的，我们是在暗示意

---

① 本书中文版参见：海南出版社，2011。
② 本书中文版参见：九州出版社，2023。

识有一个专门用于维持它的神经元系统，就像视觉也有视网膜、视觉通路和大脑皮层一样。"

在阿拉伯语中，表示"意识"的词与表示"视力"（sight）的词有相同的词根，类似"洞察力"（insight）。就像我们使用肉眼所见来欣赏美、享受与亲人的陪伴并保护自己免受伤害一样，我们可以使用我们的意识（洞察力）来在精神上生存下来、认识自己并热爱整个宇宙。

在《天国在你心中》①（*The Kingdom of God Is within You*）一书中，列夫·托尔斯泰（Leo Tolstoy，1828—1910）写道："我们人类需要看一看我们的生活中充满的那些野蛮和残酷的行为，就会对于我们生活在其中的矛盾感到震惊，尽管我们常常没有注意到它们。我们只需要回想一下战备、机枪、镀银子弹、鱼雷；红十字会、单独囚禁、电刑实验、对于囚犯卫生福利的关心；富人的慈善事业和他们的生活，正是他们的生活产生了那些受到他们捐助的穷人。"

托尔斯泰是世界上最伟大的道德思想家之一，从 1892 年到 1906 年，他每年都获得诺贝尔文学奖提名，并且在 1901 年、1902 年和 1909 年三获诺贝尔和平奖提名。

且不说他获得了这么多提名（他直到去世也没有正式获得任何诺贝尔奖），他深刻的话语清晰地提醒着我们，既然人类的大脑与心智在历史上为寻找内心平静、生活意义、和平幸福做出的集体努力都如此惨败，人工智能也不会帮助我们找到这些。

摩西·本·迈蒙（Moses ben Maimon，1135—1204），又称迈

---

① 本书中文版参见：吉林人民出版社，2011。

蒙尼德（Maimonides），西班牙安达卢西亚的大拉比，但死于埃及开罗，并葬在那里。我很自豪拥有他《迷途指津》①（*Guide for the Perplexed*）的阿拉伯文原版书。

在 M. 弗雷德兰德（M. Friedländer）1881 年的英译本中，迈蒙尼德写道："我们的知识是根据我们所知道的事物而获得并增加的。超验者的情况则不同，其对事物的了解不是从事物本身得出的——如果真是这样的话，那么就会有变化和多样性……相反，事物是根据永恒的知识而存在的，其知识已经确立了事物的实际属性，并且使得它们中的一部分是纯粹的精神的。"

◆ BTP 不是什么？

BTP 并非身体的相反面；同样，精神也不是唯物主义的对立面。身体与精神，都是在心智中设定的程序，以创造一种生活上的目标感和平衡感。这种平衡可以使得我们摆脱非理性和不切实际的梦想和执念，如想要拥有一栋有 50 间屋子的豪宅。

英国著名的批评家与哲学家克莱夫·斯特普尔斯·路易斯（Clive Staples Lewis，1898—1963）在其所著《论〈失乐园〉》②（*A Preface to Paradise Lost*，1942）中，如此谈论约翰·弥尔顿（John Milton，1608—1674）的这一史诗："评判任何一件作品，从软木塞开瓶器到大教堂，首要条件都是了解它**是什么**——它的目的何在，它该怎么用。在了解了这些之后，支持禁酒者可能认为开瓶器的

---

① 本书中文版参见：商务印书馆，2024。
② 本书中文版参见：华东师范大学出版社，2023。

制造是为了一个不好的目的，还有些人可能会对于大教堂有同样的看法。但这些都是之后的问题了。首先要做的是理解你面前的对象：只要你认为开瓶器是用来开罐头的，或者大教堂是用来招徕游客的，你就无法就它们的目的说一句话。"

路易斯还是一位作家、学者，曾在牛津和剑桥任教。虽然他在上述摘录中谈论的是一件特定的文艺作品，但他为我们提供了一种了解和评判任何事物（包括自己的生活）的绝佳方法。他毫不妥协地引导我们去面对这样的问题：我是谁？我了解自己吗？我在这个宇宙中注定要做什么？我如何发挥自己的潜力？生活的目的是什么？

在《宗教困惑》(*Religious Perplexities*，1922)一书中，L. P. 杰克斯(L. P. Jacks，1860—1955)问道："如果我们承认自己的存在根本没有目的，那么去探究精神生活、自由、责任等等岂不是徒劳无益吗？对于那些已经认识到自己存在没有目的的人来说，这些术语还有什么意义呢？……一个人一旦相信自己的神圣起源，就会获得一种新的能量。"

杰克斯博士是一位英国哲学家。他于 1915—1931 年担任牛津曼彻斯特学院院长，撰写了 50 多本(篇)书和文章。

◆ BTP 与性

正如一条河流需要受到调控，以避免洪水泛滥或者干涸，爱情乃至于性，在得到精心有益的调节后，会失去它们野性的、自发的、超脱现实的美感——尽管这样确实带来了不可否认的功利性收获。而这正是犹太人之间的性关系中所发生的情况。

已故的美籍荷兰裔社会学家、福特汉姆大学法学和公共政策教授欧内斯特·范登哈赫（Ernest Van Den Haag，1914—2002）在《犹太人的神秘》（*The Jewish Mystique*，1969）一书中这样写道。

他补充道："犹太谚语说，爱情是甜蜜的，但有面包的爱情更甜蜜……犹太人从没有接受对身体的蔑视和刻意羞辱。犹太人无法蔑视一个他们必须倾尽全力去牢牢抓住的世界，就像穷人无法蔑视金钱一样。"

◆ 爱因斯坦与BTP

现在，任何科学家都很难相信我们的物理宇宙是偶然形成的——它必定有一个创造者，一个**精心设计**的创造者。爱因斯坦也不例外。

一个原初的创造者和一个被设计出来的创造物，这两个信条背后的原因很简单。科学家们亲身体验到，一切知识都是被我们发现的，**而不是被我们发明的**。他们还知道在一个系统之内去设计这个系统需要付出什么，并且知道我们的宇宙是由无限交织的系统构成的惊人复杂的整体。

科学家们实际上已经非常接近于理解我们的宇宙了。它的设计既错综复杂，又如此简单美丽。结论是，其原初且持续的设计者不仅具有无穷的智慧，而且是古往今来最伟大的创造艺术家。

如今，许多科学家使用信念式的语言，将这个独特的设计者称为全能者、神（无论哪种语言都有对应的词汇）。他们明白，任何设计都包含相互关联有时甚至相互矛盾的因素，这些因素必须得到巧妙而优雅的解决，才能够使得整体设计和谐运作。如果存在多个设计者，最佳功能和可持续性将变得更加困难，甚至不可能实现。

阿尔伯特·爱因斯坦就是这样一位富有创造力的科学家。1905 年对于他和科学界来说都是非凡的一年，他对于物质的起源已经非常接近，以至于对设定这一切永恒运动的创造者感到惊奇。从当年的 3 月到 9 月，爱因斯坦陆续发表了五篇论文，这些论文改变了我们对于自然——或者如他所说，"上帝的思想"——的理解。

约翰·S. 里格登（John S. Rigden）在他的传记《爱因斯坦 1905》[①]（*Einstein, 1905: The Standard of Greatness*）中写道："在所有的人类活动中，思考是最明显地将我们与其他生命形式区分开来的单一活动。思考让我们成为人类……爱因斯坦的 1905 年展示了思考物种的最佳状态，是思考者的伟大标准。"

里格登继续解释了爱因斯坦开创性论文的内容：关于光的粒子理论；关于分子尺寸；关于布朗运动理论；关于相对论；以及他那最著名的方程——$E = mc^2$。

他引用爱因斯坦的话说："我真正感兴趣的是神是否会用一种不同的方式创造世界；也就是说，必然的逻辑简单性是否会留下任何自由。"

杰出的美国物理学家 I. I. 拉比（I. I. Rabi）更是冠冕堂皇地评

---

① 本书中文版参见：联经出版，2007。

论道："爱因斯坦正在走着神的道路。"

他描述了爱因斯坦如何不得不等待验证性实验来证实他的理论。在得知其中一个理论被实验接受时，他简单地回应道："我知道这个理论是正确的。"但当被问及如果他的理论被驳倒会怎样时，他说："那样的话，我会为神感到难过，因为这个理论是正确的。"

爱因斯坦真的相信，他发现了神允许他发现的东西。例如，他的标志性方程 $E=mc^2$ 似乎是突然出现的。但实际上，他是务实地捕捉到了放射性物质的质能关系。

里格登指出，亨利·贝可勒尔（Henri Becquerel）于 1896 年发现了放射性，但直到 1905 年，原子发射出的能量来自何处的基本物理学原理仍然是个谜。

爱因斯坦认为，既然放射性能量可能是以牺牲质量为代价产生的，那么这两者就可能是相关的。物体的质量是其能量含量的度量。因此，如果能量的变化为 E，那么质量也会以同样的方式变化：将 E 除以 c^2。

里格登引用了雅各布·布罗诺夫斯基（Jacob Bronowski）在《人类的攀升》（The Ascent of Man）中的话："在牛顿和爱因斯坦这两位巨人面前谈论（人类）几乎是不礼貌的，他们像神一样阔步前进。在这两人中，牛顿是《旧约》中的伟大形象，而爱因斯坦则像《新约》中的人物。爱因斯坦充满了人性、仁慈和巨大的同情心。他心目中的大自然本身就像是一个有某种神性的人，他经常这样谈论大自然。他喜欢谈论上帝。"

爱因斯坦确实为精神追求与相信科学的实证要求之间的相互作用设定了很高的标准；这正是他对神圣设计者的观念如此引人

入胜的原因。

意义治疗与追寻意义

1959 年，心理学家、纳粹集中营幸存者维克多·E. 弗兰克尔（Viktor E. Frankl，1905—2014）的著作《活出生命的意义》①（*Man's Search for Meaning*）出版。迄今为止，该书已售出超过1600 万册。在书中，他通过记录自己与一位美国同事对话的方式，探讨了自己的心理治疗方法（意义治疗）。这位美国同事问道："你是精神分析师吗？"

"我回答道，我不完全是精神分析师，不妨说是采用精神分析方法的治疗师，"他说，"我遵循自己的理论，它叫'意义治疗'。"

美国同事随即提出了另一个问题："你能够用一句话告诉我意义治疗是什么意思吗？……精神分析与意义治疗之间的区别是什么？"

"'可以，'"弗兰克尔写道，"'但你能够用一句话告诉我你认为精神分析的本质是什么吗？'对方回答，在进行精神分析时，病人必须躺在沙发上，告诉你一些有时难以启齿的事情。于是，我立刻反唇相讥：'现在，在进行意义治疗时，病人可以保持坐姿端正，但他必须**听到**一些有时难以接受的事情。'"

---

① 本书中文版参见：华夏出版社，2010。

罗宾·威廉姆斯、西妮德·奥康纳与 BTP

罗宾·威廉姆斯（Robin Williams）是我最喜欢的喜剧演员之一。我直到现在都还记得新闻报道说，威廉姆斯于 2014 年 8 月 11 日（周一）自杀身亡，享年 61 岁。可悲的是，他并非个例，他只是娱乐界众多被抑郁症困扰的大明星之一。

当我在 2023 年 7 月完成这一章时，悲剧再次夺走了我最喜爱的另一位艺人的生命。她是西妮德·奥康纳（Sinéad O'Connor，1966—2023），爱尔兰歌手、词曲创作人、音乐家、活动家，享年 56 岁。为了排解悲痛和忧伤，我边阅读她的著作《回忆录》（*Re-memberings*，2021），边愿她安息。

抑郁症是一种影响个人日常生活能力的病症。在北美，每年约有 10％的成年人（18 岁及以上）会经历某种形式的抑郁。其他西方国家也紧随其后。

其症状包括绝望感、精力下降、疲劳、焦虑、内疚、无价值感、无助感、对曾经喜爱的活动失去乐趣、性欲丧失、注意力难以集中、记忆力下降、优柔寡断、失眠或嗜睡、食欲变化和/或体重变化、自杀念头或自杀未遂。

尽管治疗（需要时间、专业知识和金钱）可以缓解 80％以上接受治疗的患者的症状，但只有不到一半的抑郁症患者能够负担得起或得以接受他们所需的帮助。许多患者和医生发现，仅靠服药来缓解症状既容易又快捷。

事实上，当我看到一则广告声称某种药丸"能够在 15 分钟内结束抑郁和焦虑"时，我震惊不已。我不是医生，但这种说法一听起来就很虚假，就像多年来未经证实的减肥药的说法一样。

没有研究表明加拿大具有某种精神生活的人中患抑郁症的比例高于或低于其他公众。但作为一名社区中的长者，我知道患者所经历的痛苦，也知道把他们及时转诊给医疗专业人员是多么困难。

有迹象表明，西方社会的心理疾病发病率高于更加传统的阿拉伯、东亚、非洲和太平洋诸岛的社会。

一些研究表明，患有心理健康问题的男性数量令人震惊，但大多数人由于文化上的"大男子主义"而不愿接受治疗，这表明需要为男性做更多工作来消除心理疾病的污名化。

尽管许多研究的实证数据表明，身体健康、心理健康与精神实践之间存在强烈的相关性，但当今过多的医疗服务已经退化为单向度、非整体的模式。心理疾病患者经常被告知"吃这种药，过一个月再来见我"，这使医生得以每天尽可能多地安排问诊。

弗吉尼亚联邦大学医学部的马克·汤森（Mark Townsend）领导的四名医学研究人员严格审阅了 1966—1999 年的医学研究文献，以研究精神生活对健康的影响。他们的标准之一是，每项研究必须经由研究小组的全部四名成员的阅读并认可，然后才能够将其纳入他们的研究中。该研究于 2002 年 12 月发表。

一项研究表明，一种基于精神生活的心理疗法能够加速相关人士从焦虑和抑郁症中恢复。另一项研究表明，精神生活似乎有益于血压、免疫功能、缓解抑郁，并减少英年早逝。

还有一项研究发现，有些精神生活似乎能够改善冠状动脉护理病房收治的病人的健康指标，并可能提高白血病儿童的生存率。

马克·汤森小组的发现还包括：已婚男性在冠状动脉旁路移植术后进行精神活动可能与抑郁症状减轻有关；患有癌症的非裔美国人的精神生活可能与降低抑郁有关；老年荷兰男性的精神生活可能与抑郁症状较少有关；精神生活可能减轻被诊断为抑郁症的患者的压力源，也可能保护退休修女免患抑郁症。

还有一个非常重要的结论是："精神生活也可能对于防止自杀起到保护作用。"

研究人员总结道，绝大多数美国人认为精神生活是生活的重要组成部分，并且希望医疗保健提供者能够处理信仰和精神问题。

汤森小组还得出了这样的结论："参与精神活动可能促进身体健康与心理健康。"具体包括"促进积极的社会和人际功能、肯定共同信仰、提高应对技能、解决内疚感、减少对惩罚的恐惧和尴尬的威胁"。

研究的最后，他们提出了一条非常重要的建议。"考虑到精神生活被有的患者认为很重要、可能有益于健康指标，且没有经济成本，医疗服务提供者应当将这一因素纳入对患者的护理中。"

 细节特写　Close-up fact

欣赏美好之物，往往能以我们未曾察觉的方式，为生活增光添彩。

Chapter Ⅶ　第 7 章

健康老龄化 —— 一份旅行指南
Healthy Aging—A Travel Guide

　　从一开始，我就秉持着最大的透明度来写作。我要声明，撰写这一章于我有着重要的个人利害关系。

　　第一，我在 2023 年圣诞前夕迎来了 80 岁生日，近年来，我失去了亲爱的家人和朋友，他们由于癌症和阿尔茨海默病去世，而且他们都比我年轻。

　　第二，作为一名长期的社会活动者，我目睹了加拿大和美国政府及其政策制定者如何持续边缘化，甚至在立法上歧视老年人，这让我感到深深的道德困扰。在我的一生中，从没有像最近几年一样强烈地感受到这一点。

　　第三，作为一名 1968 年以博士生身份来到加拿大的埃及裔加拿大人——当时我相信自己很幸运能够生活在这个世界上最伟大的国家——我对于这个国家如何对待最脆弱的群体感到失望，包括土著人、老年人、残疾人、精神疾病患者、贫困者、少数族裔、女性等。遗憾的是，过去半个世纪里，改变实在太少。

　　第四，作为微芯片及其在人工智能和人工神经网络应用领域的领先学者和研究人员，我深知，要真正推动大脑与心智连接的科学和医学研究，特别是在老年学研究方面，所需要的资金远远不够。

资金的需求不能够仅仅依靠非营利组织来满足——政府机构必须积极填补这一空白，以保障所有加拿大人的长期利益。不幸的是，政府主要资助那些能够在选举时为其赢得更多选票和/或对于经济产生直接积极影响的研究，如微芯片和人工智能研究。

但是，随着老年人年龄的增长而贬低他们的现象并不是新的。

在《皆大欢喜》(As You Like It)第二幕第七场中，威廉·莎士比亚(William Shakespeare)——他在 52 岁时去世，而当时男性的平均寿命仅为 30 多岁——让剧中人物贾克斯(Jaques)朗诵了他所称的"人的七个阶段"。最后几个阶段描绘了一个令人沮丧的老年图景："光秃秃的、带叉的动物，瘦弱且气喘吁吁"，最终，"没有牙齿，没有眼睛，没有味觉，什么都没有"。

美国小说家欧内斯特·海明威(Ernest Hemingway, 1899—1961)同样不以好言相待，他称退休为"英语中最脏的词"。

格拉迪丝·贝里尔·埃尔德(Gladys Beryl Elder, 1899—1976)写了《被疏远者：今天的衰老》(The Alienated: Growing Old Today)，这是一本关于她所属的 20 世纪早期一代人苦涩经历的经典之作。没有主流出版商愿意考虑出版它，但幸运的是，伦敦的作家与读者出版合作社接受了。该书于 1976 年出版，同年她去世。

遗憾的是，埃尔德(即使她的姓氏"老者"本身也是一种令人沮丧的讽刺)于伦敦维多利亚医院孑然而去。我很自豪拥有一本《被疏远者》，上面盖有"已收回"的印章，来自著名的牛津大学图书馆。在 40 年的馆藏生涯中，这本书仅有四个借书日期的印章。

英国小说家约翰·博因顿·普里斯特利(John Boynton Priestley，1894—1984)在为埃尔德的《被疏远者》所写的序中预言道："我们在很大程度上不再单纯地将老年人视为奶奶或者爷爷，而是几乎把他们看作一种陌生的物种，而不是我们自己生命中的一个更长阶段。他们更像是一个问题或者一系列问题的一部分，而不是那些仅仅比其他人活得更久的人。"

在 1993 年的喜剧电影《斗气老顽童》(*Grumpy Old Men*)中，由杰克·莱蒙(Jack Lemmon)饰演的主角约翰·古斯塔夫森评论一位"幸运"的朋友，这位朋友刚刚去世，没经历老年的痛苦。"浑蛋!"古斯塔夫森朝着同样暴躁的朋友，由沃尔特·马修(Walter Matthau)饰演的马克斯·高德曼大发雷霆，"他就这样走了(打了个响指)。赶紧让我犯心梗吧!"

伦敦城市大学的安西娅·廷克(Anthea Tinker)在《现代社会中的老年人》(*The Elderly in Modern Society*，Longmans，1980)一书的引言中这样写道："老年人是一个特别有研究价值的群体。他们不仅是被称为'特殊群体'中最大的一类，而且随着时间的推移，他们也将是大多数人最终都会成为的群体。"

戴维·A. 本德，伦敦大学学院营养生物化学荣誉教授，在《营养学：牛津通识读本》一书中引用了一些令人不安的 21 世纪英国统计数据。

在 21 世纪初，戴维·A. 本德指出，在英国，仍然独自居住的老年人中，有 3% 的老年男性和 6% 的老年女性存在营养不良的情况。令人震惊的是，住在疗养院中的老年人情况更为糟糕，尽管在疗养院中营养本应是一个优先事项，却没有得到足够重视。数据显示，疗养院中 16％的男性和 15％的女性被发现严重营养不良。

如今，这些比例在英国、加拿大和美国都更高了。2020 年起，原本就存在的老年护理危机进一步加剧，尤其是这三国的疗养院面临着严重的工作人员短缺。此外，由于长期低工资和超长工时，卫生服务部门还出现了大规模的"默默辞职"现象，进一步加重了这一问题。

虽然我们知道，衰老过程中伴随的身体和心理变化并非每个人在相同的时间或者速度下发生，但这些变化仍然需要更深入的研究，以便护理专家能够更清楚地了解哪些是正常的，哪些不是。

曾几何时，老年人被视为知识的源泉和智慧的宝库。家庭和社区，特别是在原住民社会中，会积极照料他们。然而，如今我们生活在一个痴迷于保持年轻并且通过最新最先进的技术设备体验生活的时代。

公众和媒体对难民、非法移民、边缘化少数群体等的困境表示强烈愤慨，这一点是应该的。这些确实是人道主义灾难。但同样的关注也应当给予我们每个人，特别是在我们步入老年时。

自从美国前总统乔治·H. W. 布什（George H. W. Bush）宣布 20 世纪 90 年代为"脑科学的十年"以来，关于老年病症如阿尔茨海默病的公众关注逐渐增加。但 30 多年后的今天，我们在人体大脑与心智研究方面的进展，远远落后于智能手机和人工智能技术的飞跃。

英国外科医生玛乔里·沃伦（Marjory Warren，1897—1960）被公认为老年医学这一相对较新的领域的奠基人。1935 年，她接管了伦敦西米德尔塞克斯医院的老年病人护理工作。术语"老年医

学"（geriatrics）源自希腊语，意为"治老人的医生"（old man heal-
ers）。

如今，大多数医学院为医生提供专门的培训，教授他们如何治疗老年患者的慢性疾病。这些疾病通常与年龄相关，如高血压、糖尿病、关节炎以及各种形式的痴呆症。

坏消息是，老年医学在大众媒体中被提及时，往往将年轻公众的注意力集中在老年护理的高成本上，这导致了频繁的社会和政治反弹，具有毁灭性的道德影响。

曼彻斯特大学社会学和社会老年学教授克里斯·菲利普斯（Chris Phillips）在他的佳作《衰老》（*Ageing*，2013）中写道："随着我们进入 21 世纪，越来越明显的是，在建立一个重视并且培养衰老可能性和潜力的社会的任务上，进展已经放缓。衰老继续被视为西方经济的一大负担。"

不幸的是，我必须同意菲利普斯博士的观点。我曾在四个国家——埃及、马来西亚、美国和加拿大与老年人一起生活。我尤其在北美发现，他们对老龄化的文化态度依然是负面的，尽管他们已经生活在更加富裕的社会中。近些年发生的事，让这一点变得更加清晰。

 现实真相　Real-world fact

近些年全球从摇篮到坟墓的医疗保健体系变得摇摇欲坠。护理资源的匮乏在所谓"第一世界"国家中尤为显著，养老院中的老年人比其他任何群体遭受了更多的痛苦。

是时候让加拿大人和美国人要求彻底改革政府对老年人的政策了。以下是根据我在加拿大的经验整理的部分行动计划。

1. 正如家庭津贴补助帮助低收入家庭承担抚养健康孩子的费用一样，类似的津贴应该提供给家庭，以便他们能够负担得起为年长亲属提供体面照料的费用。

2. 正如我们有儿童援助基金会和儿童与家庭服务机构一样，我们应该为老年人设立一个同样有效并且有影响力的机构。加拿大退休人员协会是一个良好的开端，但它在提高长期护理标准、政府资助的牙科和眼科护理，以及增加老年保障金等问题上的倡导活动，需要来自政府决策者和年轻公众更多的支持与回应。

3. 大多数省份为工作的父母提供各种补贴，以帮助减轻托儿费用，尽管低收入家庭仍然面临托儿名额不足的问题。类似地，针对老年人，特别是那些有痴呆症状或者其他需要持续监管的疾病的老年人，建立一个国家级的日托计划，将有助于减轻家庭看护的全天候照护负担。目前的"短期休息"项目数量太少、频率太低并且范围太局限，无法满足那些最需要帮助的人。这对于"夹心一代"的成年人尤为重要，他们试图在照顾自己孩子的同时，还要照顾年迈的父母。

4. 几代人以来，那些失去父母或者亲生父母无法照顾的儿童一直在寄养家庭中成长。虽然一些欧洲（特别是北欧）国家已经成功地将老年人寄养纳入社会福利体系，特别是那些没有直系亲属或近亲的老年人，但这一做法在加拿大尚未尝试。近年来，出现了一个小型但日益壮大的倡导运动，但尚未获得足够的支持。

5. 早期儿童教育长期以来一直是我们学校体系中的成功组成部分，但对于"**第二个童年**"的教育，却鲜有显著的实践。各种实验性举措表明，有痴呆症状的老年人可以重新学习应对记忆衰退和其他认知挑战的方式，同时还可以享受与同龄人以及社区其他成员社交的好处。

6. 老年人折扣应当成为**每个**商家的标准做法，特别是针对交通、杂货、家居修缮与维护和一般零售等基本服务。政府的补助激励措施可以帮助利润较薄的小商户提供此类折扣。

7. 虽然对照顾年长亲属的家庭成员提供了一些有限的税收抵免，但这些抵免金额远不足以在当今生活成本、住房和服务费用急剧上升的现实面前带来太大改变。而且现有的抵免政策在那些最应受益的人群中没有得到充分的宣传。

8. 西方经济体正在大力推崇青年文化和拒绝衰老的观念。它们喜欢这种"好处"，因为这样避免了支付长期养老金的负担。许多已经"退休"的老年人被迫继续工作，因为养老金没有能够跟上生活成本的增长。政府需要彻底改革其退休保障计划，确保所有退休人员都有基本的生活收入。

9. 只提供精神和身体上被动娱乐的宾果大厅，可以转变为积极的社交和学习中心，让老年人能够保持面对面的联系，并且学习新技能。

10. 我们的学校应该教导学生传统的家庭价值观，如尊重年长的家庭成员、向他们学习并帮助照料他们，就像一些社区所做的那样。

现实真相　Real-world fact

　　在西方国家，气候变化议题在选举活动中占据了比老年人护理改善更多的时间和关注。我们需要平衡我们的关注，以有效应对这两个问题。

 老年的大脑与心智连接

　　在一长串通常与衰老相关的疾病和状况中，如关节炎、高血压、视力和听力下降、癌症、糖尿病、中风等，记忆丧失被普遍认为是最具备破坏性的。

　　这是因为失去记忆意味着失去身份。你在字面上失去了**自我**。对于你的家人来说，这往往像是一场缓慢的死亡，一种痛苦到最终他们避免探访你或者给你打电话的死亡。

　　几年前，有一位 70 多岁的朋友在经历了长时间成功的学术和研究生涯后，被诊断为阿尔茨海默病。每次在社交聚会上遇到他时，他都变得沉默；他失去了像以往一样高谈阔论、笑容满面的能力。他曾广泛旅行，拥有成千上万有趣的故事可以分享，但现在一切都没有了。所有那些丰富的经历如今被锁在一个衰退的大脑中。

　　一年前，他的家人决定将他送进一家长期疗养院。他的妻子，一位退休护士，已经无法再照顾他了。我一再请求朋友的儿子带我去看望他爸爸。他总是答应，但从没有做过。我理解。

　　随着年龄的增长，出现一定程度的记忆丧失几乎是不可避免的。大约 40％ 的 65 岁及以上的人会经历与年龄相关的记忆障碍。仅在美国，每年就有大约 1600 万人受到影响，其中约 1％ 的人会发展成使人丧失能力的痴呆症。

大约 1％ 的 65 岁及以上的人会发展为轻度认知障碍，这种情况可以得到有效管理；但在这些人中，近 15％ 将被诊断为阿尔茨海默病，其退行性过程是不可避免的。

随着人们寿命的延长，患阿尔茨海默病的风险大幅增加。与所有类型的痴呆症一样，尊严和身份的不可逆丧失是毁灭性的。尽管其他疾病，如行动能力丧失、血管疾病和呼吸系统疾病，也给患者和家庭带来沉重负担，但阿尔茨海默病仍然位居最令人恐惧的疾病之首。

我的父亲去世得太早，由于心脏病突发，在 50 多岁时离世。我那时候只有 16 岁，深感悲痛，非常思念他。他没看到我成为我所在领域的知名教授和研究员，也没见到任何一个孙子、孙女，包括我那四个出生在加拿大的可爱孩子。

我的母亲在 30 年后，70 多岁时因阿尔茨海默病去世。她曾享受过作为母亲和祖母的骄傲与幸福，但她去世前充满了深深的悲伤。最终，她认不出我了；她无法照顾自己；她不知道自己是身处加拿大还是埃及。在她生命的最后一年，她不再认得任何人，也不再认得任何地方。她身体上还活着，但精神上却迷失了，这给她的家人带来了极大的痛苦。

这个大问题仍然存在，而且在你读完这本书后很可能依然没有答案：**为什么我们年老时的记忆力不如 20 岁，甚至中年那样好？**

另一个更大的问题——**为什么随着年龄的增长，身体和心理**

的衰退是不可避免的？——对于大多数人来说，甚至难以想象。但这从未阻止过哲学家与生物学家，试图弄清楚我们为什么会衰老并最终死去。

十多年前，普利策奖获得者、作家乔纳生·威诺（Jonathan Weiner）以《渴望永生：不朽的奇异科学》（*Long for This World: The Strange Science of Immortality*，2010）一书，为不朽的文学传统添加了自己的声音。

无论你是相信或希望人类有一天能够永生（或者至少活几百年），还是持不同意见，我们都可以在当下通过尽力照顾我们衰老的大脑、衰老的心智和衰老的身体，从中受益。

但在我们深入探讨如何增强大脑、心智和身体的连接之前，**我们必须接受一些关于衰老的残酷事实。**

首先，我们衰老的大脑——这个存储记忆的"硬件"——必须依赖比 20 多岁时更少的神经元。请记住，与其他细胞不同，神经元不会再生或者自我替换，因此受损的神经元只能够停止工作。这意味着记忆容量减少，检索时间延长。这是一个简单的神经学和生理学上的"磨损"问题。

其次，我们的心智——可以说是包含我们操作系统的"软件"，以及管理我们自主和非自主记忆功能的算法——已经不间断地运作了五六十年，不像智能手机那样夜深人静时会进行一次"全系统更新"。毫不奇怪，经过半个多世纪每时每刻地应对其他思维、压力源、关系、挑战甚至创伤后，处理器的反应会变得迟钝。

休·哈尔彭（Sue Halpern）在她的书《我记不得忘记什么了》（*Can't Remember What I Forgot*，2008）中写道："虽然记忆力衰

退是我们变老时的正常现象，但轻度认知障碍的诊断并不一定意味着必然死于阿尔茨海默病；有些人从轻度认知障碍恢复到了正常状态。"

轻度认知障碍是介于正常的与年龄相关的记忆衰退及其对于思维、判断力和语言等功能的影响，与更严重的认知衰退（如痴呆）的阶段。

再次，有三种因素会影响我们的大脑与心智，无论年龄大小——基因、成长环境和生活方式。前两者我们无法控制，但第三个因素则取决于我们在成年期所作的选择，最好是在成年早期就选择。

尽早做出重要的生活方式选择，可以显著**减缓记忆衰退的速度**。这样一来，我们的记忆可能在 50 年后仍然能够保持较高的水平，而不是在身体状态还算良好时已经开始急剧下降。甚至有可能，尽管我们的身体逐渐衰老无法继续运作，但记忆仍然能够保持较高的效能，甚至超过 100 年。

 你知道吗？　Did you know?

好好管理衰老，并且尽量减少许多我们通常认为是"正常"衰老迹象的不适和限制，是非常有益的。但我们也必须认识到，完全停止衰老过程是不可能的。

◆ 健康寿命比寿命更重要吗？

健康寿命可以定义为一个人健康的生活阶段，即保持健康，不得最终会导致死亡的严重疾病。正如圣路易斯华盛顿大学医学教授蒂姆·彼得森（Tim Peterson）所说。

在《健康寿命比寿命更重要，为什么更多人不知道？》（"Health-span is more important than lifespan, so why don't more people know about it?"）一文中，彼得森列出了导致美国人死亡的十种严重疾病或症状，包括阿尔茨海默病、多种癌症和心脏病。该论文于 2017 年 5 月 30 日在线发布，作者隶属于哈维·A. 弗里德曼（Harvey A. Friedman）老龄中心。

他计算得出，美国的平均健康寿命为 63 年，而平均寿命则明显更长，为 79 年。他写道："这意味着我们平均有 20% 的生命时间是在不健康的状态下度过的。用不着多说，这段时间相当长。"

为使得第一个数据与第二个数据的比例增大，彼得森强调"保持健康均衡的饮食、适度规律的锻炼、避免吸烟和饮酒"至关重要。他认为，"这些是促进健康寿命并限制大多数疾病发生的最可靠方法"。

自从他的文章发表以来，关于每天小憩这一习惯的兴趣和倡导有了显著的回升，人们纷纷认为小憩有助于恢复身心健康。

彼得森补充道："社交、智力和身体活动也是健康寿命的重要决定因素。尽管这些因素通常与心理效应更为相关，但它们对于生理的强大影响不应被忽视。医疗专业人士应将这些活动与药物一起，视为一线治疗手段。"

 生活贴士 Lifestyle tip

健康老龄化的规划必须从生命的早期阶段开始。

接下来是一些有助于增强记忆力的实用技巧。

 有益于记忆的，就是有益于你的

有益于记忆和大脑与心智的，对于身体也有益，反之亦然。它对于**你的一切**都好。

这一简单的事实强调了我们人类——正如我们在工程学中所说——是由"系统中的系统"构成的。任何年龄段都是如此。此外，我们的存在远远超越了其他任何有感知能力生物的物理存在，因为我们有自我意识。

这意味着，一个健康的大脑——我们的硬件，需要一个健康的心智——我们的软件。包括健康的生活方式：健康的行为、健康的规划、健康的思维、健康的动机等。记住，健康是**全方位**的——身体的、心理的、精神的。

1984 年，当世界重量级拳击明星穆罕默德·阿里（Muhammad Ali，1942—2016）在 40 岁时被诊断出患有帕金森病（他在职业生涯中曾承受过约 20 万次头部击打）时，他写了《治愈》（*Healing*，1996）这本小而美的精神图书，其愿景是促进普遍的宽容与理解。

我有幸在 1996 年于旧金山遇见了阿里，当时我正在参加世界上最大的微芯片会议。恰好那时他也住在同一家酒店。

阿里很高兴遇到一位同名者。他大笑着，开着玩笑，称我为"穆罕默德兄弟"。我们是同辈人：他出生于 1942 年 1 月 17 日，而我则晚了不到两年，出生于 1943 年 12 月 24 日；他是拳击动作设计的专家——"飘如蝴蝶，刺如蜂"，而我则是微芯片这个微型世界的专家。

遗憾的是，阿里于 2016 年去世，享年 74 岁。而我如今已经 80 岁，刚刚写了这本关于人工智能、真实智慧、微芯片和大脑与心智连接的书。我希望阿里喜欢这本书：**献给你，我的兄弟，伟大的阿里，带着爱。**

 ## 年轻人，审视你的生活方式

要说服一个二三十岁的人**现在就**审视自己的生活方式，以减少阿尔茨海默病在 30 年、40 年甚至 50 年后夺走他们尊严、自主和身份的威胁，确实很难。

不过，这里有一个类比可以帮助说明这个观点。

让我们向年轻男女强调生活方式对于性健康有多么重要吧，无论是关于表现还是享受，还是精子和卵细胞的活力与数量。

正如沙娜·斯旺（Shanna Swan）在她的书《倒计时》（*Count Down*，2020)中所说："当一个男人去精子库捐献时，某些生活方式习惯可能会迅速让他进入'禁飞名单'。"

这些习惯包括使用非法药物、服用某些日常药物、感染或者暴露于性传播的疾病、暴露于某些职业或者环境危害、吸烟、过度饮酒、营养不良、体重超标或不足，以及久坐的"沙发土豆"（电视迷）型娱乐方式等。

"然而，大多数男性并没有意识到这一点，"斯旺博士继续说道，"一些生活习惯——如吸烟和大量饮酒——不会让人感到惊讶，因为它们已经被证明对于心脏、肺、骨骼等器官有害。但你的医生可能没有提到——你的母亲也不知道——对于这些器官和组织有害的习惯，同样也会影响生殖功能，增加男性精子质量问题的风险，还可能影响女性的月经、流产、卵细胞储备以及其他生殖参数。"

 锻炼你的联想记忆，并且通过小憩来恢复它

人类的大脑与心智非常高效地利用其记忆，在出生之前，大脑与心智就已经被预编程来做到这一点。了解大脑与心智如何保存信息、为什么要保存信息以及保存哪些信息，对于健康老龄化至关重要。

首先，大脑与心智**只**保存其编程所指示需要的内容。

其次，大脑与心智使用**联想记忆**技术，这种方法仅需要较少的存储空间，就能够保持相同量的信息。

再次，大脑与心智会**重写**所有被编程识别为过于重要并且无法失去的信息。

你的大脑与心智天生具备这些高效策略。它不需要向微芯片设计师借鉴——事实上，情况正好相反！

但是，"锻炼"联想记忆究竟意味着什么呢？它要求你提升意识水平，将你与人和事件的日常遭遇转化为**完整生活体验**。这意味着要动用所有五种身体感官——视觉、听觉、嗅觉、触觉和味觉，以及你的心理和情感。将这一点融入生活中可能具有挑战性，特别是当我们中的许多人在进行那些我们认为平凡或者单调的活动时，往往会进入"自动驾驶"模式。

但这不仅仅是中年后值得培养的习惯，对于**任何**年龄段的成年人来说，它都可能成为改变游戏规则的关键。这种高度的自我和环境意识是所有优秀的冥想技巧或者基于冥想的练习（如瑜伽）的一部分。养成**完整生活体验**的习惯并不需要太长时间，而且有许多新颖的方法可以做到这一点。

有两种经过验证的方法可以帮助将你的记忆重写（或许是重新连接）为完整生活体验模式，分别是良好的夜间睡眠和白天小憩。

在最近发于期刊《睡眠》（*Sleep*，2021）的研究论文中，J. L. 蒙（J. L. Ong）及其合著者报告称："在规律的夜间睡眠后，进行90分钟午睡的参与者，比起保持清醒的对照组，能够更好地编码词语对。午睡时的睡眠纺锤波可能有助于改善记忆……我们使用功能磁共振成像和多导睡眠图比较了白天小憩后与相同清醒时段的学习效果。"

丹尼斯（Dennis）等人发表于期刊《学习与记忆》（*Learning & Memory*，2020）上的论文中引用了拉施（Rasch）和博恩（Born）2013年的一项研究，该研究指出："在每天编码的大量信息中，大部分将会被遗忘。只有少数经过选择的记忆会被长期保存。睡眠在这些记忆巩固过程中起着重要作用。"

范沙维克（Van Schalkwijk）等人发表于期刊《睡眠研究》（*Sleep*

Research)的论文中引用了迪克（Diekel）等人 2009 年报告中的研究结果，指出："睡眠显示出对于联想记忆有益。"

做个个人实验：试着阅读一本"传统的"精装书，而不是它的电子书版；让自己在重要的段落上画线，并且写下批注（但最好用铅笔，尤其这本书是借的的话！）。大声朗读那些有影响力的段落，即使除了猫咪没有人听到；让笑声或者眼泪自然溢出；深吸一口气，感受书本材料（纸张、布料、墨水、胶水等）的物理气味；用触觉去感受这本书的质感和分量。

记住购买或者收到这本书的时间、地点和当时的情境，甚至可以把这些写在书的扉页上，或者记录在个人日记里（这也是一个好习惯）。你看到了吗？你刚刚把读书这个非常普通的行为转化为了一次**完整生活体验**，它丰富并且锻炼了你的联想记忆。

带着这个实验的启示，试着将同样的高度觉察方法应用到其他日常事件中。

同样，你可以将亲人和朋友的记忆转化为**完整生活体验**。回忆你们一起共进晚餐的地点和时间，一起看电影、庆祝生日、争吵（以及之后的和解）、触碰、亲吻、拥抱的那些时刻。

在这一领域，你不需要等待更多的研究和科学发现来证明**小憩可以刷新、连接并且重写你的记忆；而将人和事件转化为完整生活体验则能够增强并锻炼你的记忆。**

 花时间去"什么也不做"……独自一人

我们都记得曾经抱怨过："妈妈，我无聊。"然后得到一个看似不太有帮助的智慧回答："去自己玩吧。"当时听起来似乎没什么帮助。我们孩子般的反应往往是另一句抱怨，如："可是**没有什么可以做的**！"

然而，作为成年人，我们常常惊讶地发现，独自一人反思，实质上是"什么也不做"，却带来了许多持久的好处。这一切都是在你发现自己开始盘点错过的东西之前，先学会数一数生活中的祝福。

安东尼·斯托尔（Anthony Storr）在他的经典著作《孤独》（*Solitude*，1988）中写道："各种精神分析学派假设人类是一个社会性存在，从出生到死亡都需要其他人的陪伴和关爱。然而，富有创造力的个体的生活往往似乎与这一假设背道而驰。"

斯托尔列举了笛卡尔、牛顿、洛克（Locke）、帕斯卡、斯宾诺莎（Spinoza）、康德（Kant）、莱布尼茨（Leibniz）、叔本华、尼采（Nietzsche）、克尔凯郭尔（Kierkegaard）和维特根斯坦（Wittgenstein）等作为典型的例子。

 生活贴士　Lifestyle tip

将一天真正的休息日融入你的每周生活中。犹太人在星期六休息（"安息日"，在希伯来语中意味着"休息"），基督徒在星期天休息（有时称为"主日"，源自希伯来语），穆斯林在星期五休息（称为"聚礼日"）。

◆ 激情的力量

尽量以激情去做每一件事。如果你不喜欢洗碗（谁喜欢呢?），但不得不做，就尽量带着激情去做。如果你认为你的老板德不配位，那么你可能不是唯一这么想的人。但即便如此，还是要以激情去工作，为了自己，也为了你记忆的健康。想想看，有多少失业的人会感激有一个老板，哪怕是一个可以抱怨的老板。

在《城堡之王：现代世界中的选择与责任》（*King of the Castle: Choice and Responsibility in the Modern World*，1977）一书中，英国外交官、作家、哲学家查尔斯·勒·盖·伊顿（Charles Le Gai Eaton，1921—2010）写道："如果，通过某种奇妙的方式，我们这个世纪有人能够倒退回过去，和远古时代的人们交往，他会有充分的理由怀疑他们的或者他自己的神智是否正常……太阳的日常循环、乌鸦的飞行、长满苔藓的橡树，以及从林间涌出的水流，虽然看起来足够熟悉，但它们对于他的新伙伴们所承载的意义并不同。"

在《新的人》（*The New Man*，1961）一书中，托马斯·默顿（Thomas Merton，1915—1968）确认了"什么都不做"能够滋养心灵。"正如有些人必须努力恢复他们对于生命、运动和身体享受的自然、自发的感知一样，所有人也必须努力恢复对于其精神性的感知，他们拥有一颗能够复苏并且体验深刻而隐秘的价值的心，这些价值是肉体及其感官单独无法发现的。人类的这种精神性与我们心中的神圣形象相联系。"

默顿是美国一位有影响力的作家、诗人、活动家和学者。2023 年，哥伦比亚大学在纽约市开设了以他冠名的研究所。

"ARTS"

艺术（art）、阅读（reading）、旅行（travel）、运动（sport）——这四个词组成了一个方便的首字母缩略词"ARTS"——涵盖了**各种形式**的艺术、阅读、旅行和运动。

如果你对于艺术不感兴趣，那就是时候开始感兴趣了。我喜欢那些大型的咖啡桌般的艺术书籍，不是作为装饰，而是翻阅并且享受其中的图像。我的一些阅读选择甚至包括漫画，尽管我已经能够背下所有的笑点，但依然**每次**都会笑个不停。我以前提到过，我很喜欢去不同的活动和文化场所旅行，并且享受每次旅行带来的回忆。我还喜欢在晨练时，观看我最喜欢的歌手的老版现场演唱会。这些都会让我一天充满活力。

阅读，无论是虚构还是非虚构作品，都能够打开无尽的新世界，让你的大脑与心智在空间、时间和情感中自由穿行。你可以通过写作来补充阅读；你不必是专业作家，也能够创作出原创的诗歌、故事或者日记。永远不要低估你的记忆从中获得的乐趣！

旅行不一定非要到地球的遥远角落。有时候，进行一些惊人的"安乐椅"之旅也能够大开眼界，可以尝试美国公共电视节目主持人和旅行作家里克·斯蒂夫斯（Rick Steves）带来的视频之旅，或者是英国的迈克尔·佩林（Michael Palin）那些充满韧性、艰难应对并且继续前行的冒险——他曾是"蒙提·派森"（Monty Python）喜剧团的一员。但如果你计划进行一次旅行，记得在出发前花时间了解目的地的历史、文化和人民。最重要的是，要至少去当地人常去的地方吃一次饭。

有趣的目的地也可以在离家很近的地方找到，通常只需要一个小时的车程。不要像那些住在加拿大首都渥太华却从没有参观过国会大厦的居民，或者那些住在美国首都华盛顿哥伦比亚特区却从没有走进标志性的史密森尼学会博物馆的居民一样。

我所在的安大略省，有些多伦多人从未登上过加拿大国家塔，没有在安大略皇家博物馆中驻足惊叹，也没有欣赏过安大略艺术画廊中的艺术珍品。

在我的祖国埃及，也有些开罗人从没有近距离参观过吉萨金字塔群①。在我位于安大略省滑铁卢的加拿大故乡，一些长期居民从未探索过周围的社区，也没有去基奇纳表演艺术中心听过音乐会，或者去当地农贸市场。我相信，真正的旅行始于你身边。

运动既是为了参与也为了观赏。虽然我已经 80 岁了，只能够观看，但作为一名观众，我依然在参与其中。我在开罗长大，热爱足球这一"美丽的游戏"，至今几乎每天都会看一场比赛。我总是把它视为一种**完整生活体验**。我同我的儿子们和/或朋友们一起看比赛，无论是在现场，还是各自在家通过网络观看。我们大笑、开玩笑、评论、争论、尖叫……即便只是通过文字或者语音信息交流，也充满乐趣。

---

① 距开罗市中心约 10 千米，包括胡夫金字塔、哈夫拉金字塔和孟考拉金字塔。

◆ 散步和交谈

在城市里走路变得越来越困难，即使对身体健康、足够警觉的行人来说也是如此。试想，对于年长的行人来说情况会有多么不便。我知道，因为我就是其中之一！即使是带有信号灯的斑马线，也需要快速的步伐和良好的视力才能够顺利通过。

除了日益严重的交通拥堵，许多老年人不再出门的另一个主要原因，就是曾经让他们享受日常外出的本地小商店和服务已经由于员工退休和高租金等原因消失了，诸如小卖部、熟食店、咖啡店、肉铺、面包店、蜡烛店、理发店、口腔诊所、社区医院、邮局、五金店、银行等。现在，许多这样的服务都集中在离家几千米远的购物中心里。

尽管面临这些挑战，了解自己社区内仍然存在的商家和服务，并且将它们融入日常散步中，仍然是非常值得的。这样不仅能够获得锻炼，还能够支持本地经济。在散步时，运用你的所有感官，让每一步都成为一种**完整生活体验**。

还要花时间与为你服务的人交流。将其变成一种常态，他们会把你当作朋友看待，并且会更加努力地为你提供服务，因为他们知道自己受到重视。

我在生活中早早学会了这种与人交流的技巧，并且努力做好。现在，我会自然而然地问我的医生他正在上大学的孩子们的兴趣。我用几句德语和我说德语的银行出纳打招呼——danke sehr（非常感谢）。我告诉我的伊朗裔出租车司机，我很喜欢拜访他美丽的国家。我问我的按摩师，他的爱尔兰之旅怎么样。我和我的药剂师聊她是否会在暑期工作后继续深造。我称赞我的编辑家花园的照片，让她暂时忘记了那里杂草丛生。我告诉我的印度裔服务员，我喜欢在家做经典的印度菜肴，如印度咖喱肉（korma）。

我通过与人们的互动将每一天都转化为**完整生活体验**，创造了美好的回忆。

 生活贴士　Lifestyle tip

将给予融入日常生活的每个部分。金钱和"东西"只是我们可以赠送的众多礼物中的两种，它们往往不是别人最需要的。即便是一个微笑、一句友好的问候，或者一个小小的关怀举动，也可能对于接收者，无论是朋友还是陌生人，意义重大。而且，做这些小事也能够带给你自己快乐和满足感。

 ## 没有付出，就没有收获

维多利亚时代最著名的作家、哲学家和博学家之一，约翰·罗斯金（John Ruskin，1819—1900）曾有名言："自然法则是，要想产生某种好处，无论是什么种类的，都必须付出一定的努力。要想获得知识，必须为之努力；要想获得食物，必须为之努力；要想获得快乐，必须为之努力。但是人们并不承认这个法则，或者试图逃避它，希望能够免费获得知识、食物和快乐。在这种情况下，他们要么得不到它们，仍然无知并痛苦，要么通过让别人为他们的利益工作来获得它们，而他们就成了暴君和强盗。"用今天的话来说，罗斯金说得"太绝了"。

伟大的天文学家、空间科学教授、康奈尔大学行星研究实验室主任，主持《宇宙》(Cosmos)这一第一部真正成功的科学类电视系列节目的卡尔·萨根(Carl Sagan，1934—1996)，在他的畅销书《魔鬼出没的世界》①(The Demon-Haunted World，1996)中讲述了一个鲜为人知的人物弗雷德里克·贝利(Frederick Bailey)的扣人心弦的故事。

贝利是一个孤儿，在 19 世纪 20 年代奴隶制的马里兰州成长。萨根复述了贝利后来对他艰难过去的描述："'把孩子从母亲身边分开是常见的习俗……孩子在满周岁之前就会被带走。'他是成千上万名奴隶儿童中的一员，他们对未来的希望几乎为零。贝利在成长过程中所目睹和经历的一切永远铭刻在他的心中：'我常常在黎明时分被撕心裂肺的尖叫声惊醒，那是我亲爱的姨妈的声音，监工常常把她绑在横梁上，鞭打她裸露的背部，直到她浑身是血……从太阳升起到落下，监工不断地诅咒、发疯、割划、挥砍，肆虐着田间的奴隶……他似乎在享受展现他恶魔般的野蛮。'贝利努力自学识字，然后开始教其他奴隶。他常说：'他们的思想饿死了……他们被关在了心灵的黑暗中。我教他们，因为这是我心灵的喜悦。'……他改名为弗雷德里克·道格拉斯(Frederick Doug-lass)——取自沃尔特·司各特《湖上夫人》②(Walter Scott，The Lady of the Lake)中的一个角色，躲避了追捕逃奴的赏金猎人，最终成为美国历史上最伟大的演说家、作家和政治领袖之一。"

———————————

① 本书中文版参见：海南出版社，2019。
② 本书中文版参见：湖南人民出版社，1986。

后来成为著名的弗雷德里克·道格拉斯的年轻男孩，尽管在极度贫困的环境中长大，却理解了罗斯金关于个人责任的哲学，即克服那些阻碍他和无数奴隶走向自由的挑战。

◆ 从减压到宁静

美国国立卫生研究院国家医学图书馆的生物医学和生命科学期刊文献库报告称："暴露于高水平的应激激素皮质醇中数日，会损害记忆。慢性应激可能导致抑郁和焦虑障碍，这些障碍通常会干扰正常的记忆处理，特别是随着年龄的增长，这种干扰越来越重。"

斯多葛学派哲学家、曾任罗马皇帝的马可·奥勒留（Marcus Aurelius，121—180）曾断言："超出我理解范围的事物，我不必费心理解。学会这一点，你便能够挺直身躯。一种新生活就在你眼前。你只需再次以最初的眼光看待事物，生活便重新开始。"

如果你经常因琐事而感到压力巨大，我推荐畅销书作家丹尼尔·格拉德威尔（Daniel Gladwell）的《我才不管呢》（*I Don't Give A F*ck*，2023）。没错，这就是书名——明亮的黄色字体，配上鲜艳的红色背景。他是认真的。赶快去读吧，你会喜欢这趟旅程的。

回到古代智慧，塞涅卡（Seneca，前 5—65）在《论人生的短暂：如果你知道如何使用它，生命就会很长》（*On the Shortness of Life: Life Is Long if You Know How to Use It*）中写道："我们寻求的是，如何让心智遵循平和稳健的道路，善待自己，愉悦地看待自己的处境，不受任何干扰，保持内心的平静，不起伏；这便是宁静。"

也许塞涅卡、奥勒留和格拉德威尔可以在这个疯狂的 21 世纪提醒我们，要克服压力，我们必须有意识地选择在何时"该管"，何时又该放手不管。

◆ 体育活动

有充分的科学证据表明，那些在 20—60 岁保持身体活跃的人，晚年患阿尔茨海默病的风险较低。

在日常生活中加入创新的身体活动。近几年，我将户外散步改为在室内数步子和爬楼梯。

因为我大部分时间都坐着读书或写作，所以我买了一个飞镖板，这样每两个小时我就可以站起来，挑战自己一下。

这激发了我想要更多地了解自己身体中每一块肌肉是如何运作的，以及如何更好地照顾它们。当我看到肯·阿什韦尔的《学生运动解剖学手册》(*The Student's Anatomy of Exercise Manual*，2012)时，我毫不犹豫地买下了它。书中包含了 50 个基本的运动练习，所有的插图都非常精美。

序中表示："为了帮助你记住各种肌肉和骨骼的位置，本书包含了主要身体系统的插图概览，以及一本工作手册，内有黑白线条插图，展示了肌肉和骨骼系统的各个部分。"

阿什韦尔博士是澳大利亚新南威尔士大学的神经生物学教授，也是《大脑百科》的作者。

◆ 健康饮食

这里的座右铭是：有益身体健康的就是有益大脑健康的。

超重的人更容易患上糖尿病和高血压，它们会导致脑血管疾病，而脑血管疾病往往加速记忆衰退和痴呆的进程。

地中海饮食——强调尽量少吃加工的植物性食物，多吃颜色丰富的水果和蔬菜、坚果、全谷物、豆类以及健康脂肪（主要是橄榄油）——被发现对于预防和显著减少与年龄相关的认知衰退非常有效。在必要时，维生素和其他补充剂可以增强身体和大脑健康。

在美国和加拿大，一些由少数族裔使用的补充保健食品有：芝麻菜（一种添加到沙拉中的绿叶菜）、黑糖（用作甜味调料、补充铁质）、生可可（添加到咖啡中）、蜂花粉和"皇家蜂蜜"、螺旋藻、小麦麸皮、原味酸奶。这些食品以及更多的食品在保健食品店和民族特色商店都有出售，并且越来越容易在主流的连锁超市中找到。

强烈推荐阅读艾琳·伯福德-梅森博士的作品《健康大脑》（*The Healthy Brain*，2017）和《饮食健康，衰老更慢》（*Eat Well, Age Better*，2012），以理解良好的饮食习惯及其对全身健康的影响。

◆ 烟和酒

你的大脑和记忆会由于避免吸烟和饮酒而感谢你。关于两者的危害，已经有大量文献，故此处不需赘述。但无论你是否饮酒或者吸烟，你可能没有意识到，这两种习惯会显著干扰我们存储、维持和提取信息的能力，因为它们会限制血液流动，而血液正是为大脑提供能量和氧气的关键。

◆ 学得更多，活得更好

研究（任何学科）、学习语言、绘画、听音乐、参加现场剧院或者音乐会、旅行和阅读等心理活动都能够刺激联想记忆。

我 20 多岁时，自学了壁球、网球和游泳。我并不是一位出色的运动员，但足够好，能够与其他研究生一起参加比赛。我还上了绘画、钢琴和歌唱课程。我发现自己在这些方面并没有太多天赋，但学习的过程丰富了我的记忆，尤其是想象有一天自己能够成为一位著名的歌剧歌手！不过，帕瓦罗蒂（Pavarotti）和麦可·布雷（Michael Bublé）抢先了，感谢他们。

有一件事我学得很好，那就是教英语为母语的学生阿拉伯语，不论是儿童还是成人。尽管阿拉伯语是我的母语，但这仍然是一个挑战。在当地一所学校做志愿者教书后，我编写了课程大纲，并且获得了教育委员会的批准，这使得我的课程能够作为高中学分提供给学生。

接下来，我在我的大学（滑铁卢大学）提出了一个类似的课程，并且也获得了批准。令我惊讶和高兴的是，超过 50 名学生报名参加。不仅是阿拉伯语，这是第一次有一名专注于微芯片的非语言学教授在该校教授语言。学生们给予了我很好的评价。因为需求持续存在，我将阿拉伯语课程交给了大学的语言系。现在，30 年后，滑铁卢大学提供了三种不同层次的阿拉伯语课程。

◆ 精神生活

多年来，我一直怀疑一名科学与工程领域的学术研究者是否应当深入探讨精神生活领域。但现在我来了。

我们知道，无论年龄多大，投资身体和心理健康都会带来丰厚的回报，尤其是在人生的后期。那么，将精神生活融入这种投资中呢？

几年前，当我思考这个概念时，"精神健康"（spiritual fitness）这个词突然浮现在我的脑海中。我非常喜欢这个词，于是将其注册为商标。由此，我写了《生命的精神健康：一种社会工程方法》一书，在书中，我尝试回答关于精神生活"是什么、为什么、何时、在哪里和如何"的问题，包括如何评估精神生活。在探索这个迷人的主题时，我借鉴了东西方及古代的哲学和传统。

奥尔德斯·赫胥黎（Aldous Huxley，1894—1963）不断探讨个体和人类社会的精神性基础，在他所有的著作中，无论是小说、非虚构作品还是散文，他都试图在身体生活与精神生活之间找到一种平衡。

在赫胥黎经典著作《内在神性》（*The Divine Within*，1955）的导言中，休斯顿·史密斯（Huston Smith）教授引用赫胥黎的话说："尽量让两种世界都得到最好的利用。"史密斯写道，换句话说："赫胥黎曾建议：可以一次只活在一个世界中。但绝不是半个世界。"

史密斯还指出："赫胥黎曾与妻子一起住在莫哈维沙漠的一个小木屋里。他曾带我在那片荒芜的土地上长时间散步……他告诉我，他热爱沙漠，因为它具有象征性的力量。它的空旷让他的思想空灵。沙漠无边的沙丘像雪一样，覆盖了世界的多样性，带来了一种统一感。"

1960 年，史密斯安排赫胥黎在美国顶尖的理工大学——麻省理工学院举办一系列讲座，这所大学与传统的精神生活几乎没有任何联系。讲座在学生、教职工和公众中受到了热烈欢迎，甚至波士顿警察局也被招来维持秩序。史密斯回忆说，赫胥黎对于这一情况处之泰然，只是简单地说："这是因为我在这个世界上待得够久了。"

◆ 量力而行

这条建议与我们当前文化的潮流完全相反。我们生活在一个对于未来充满焦虑的时代，经济和政治的不确定性，家庭、学校和工作上的种种期望，都让我们感到压力重重。我们没有时间为自己而活，没有时间真正了解自己、爱自己、享受自己，甚至没有时间去好好照顾自己。

在《质量的统治与时代的标志》(*The Reign of Quality and the Signs of the Times*)中，勒内·吉诺(René Guénon，1886—1951)预言道："现代思维的一个特征是，将一切事物简化为单纯的数量视角。"他在 1945 年写下了这句话(用法语)。近 80 年过去了，几乎没有改变！

吉诺是 20 世纪伟大的哲学家之一。弗里乔夫·修恩（Frithjof Schuon，1907—1998）曾评价他："他具有恢复在西方人的意识中传统形而上学伟大原则的核心作用。"修恩还补充道，吉诺"展现了一种在几个世纪以来西方世界中无与伦比的普遍性"。

修恩，瑞士哲学家、诗人和画家，撰写了（如他的早期同代人吉诺一样，用法语写作）20 多部关于哲学、精神、艺术、人类学等的著作，包括经典作品《宗教的超越统一》（*The Transcendent Unity of Religions*，1948）和《逻辑与超越》（*Logic and Transcendence*，1970）。

他是吉诺的热心弟子，并且对下一代许多伟大学者产生了深远的影响，其中包括马丁·林斯、泰特斯·伯克哈特（Titus Burckhardt）、侯赛因·纳西尔（Hossein Nasir）、威廉·斯托达特（William Stoddart）和休斯顿·史密斯。

◆ 时间站在你这一边，只需重置一下

好消息是，你可以在 **任何年龄** 开始健康老龄化的生活方式——永远都不算太晚。你可以像优秀的司机一样，采取主动的方式，防御性地驾驭自己的生活。衰老和与之相伴的那种不可避免的力量，也可以成为你的一方助力。

伟大的德国哲学家阿图尔·叔本华曾写道："然而，在现实的领域中，无论我们发现它多么公平、幸福和愉快，我们始终受到不可避免的影响，而这一点我们必须在思想领域不断克服；相反，在精神层面上，我们是具身的心智，无重量且无需求、无忧虑。

因此，世间没有任何幸福能与一个美丽而富有成效的心智在某个有利时刻从自己内部所找到的幸福相提并论。"

换句话说，叔本华在 18 世纪时就意识到，总是有时间进行重置，让心智能够超越一切让它沉重的负担。

◆ 越年长越智慧？绝对是的！

屡次获奖的作家斯蒂芬·S. 霍尔（Stephen S. Hall）用《智慧之源：从哲学到神经科学的探索》①（*Wisdom: From Philosophy to Neuroscience*，2011）整本书专门探讨了智慧与衰老的话题。研究表明，年长成人和年轻人在解决问题时的认知方式有所不同，尤其是在处理那些具有社会和情感负担的问题时。这些恰恰是通常需要"智慧"（无论我们如何松散地定义它）决策的情境。

近期的心理学研究表明，年长成人比年轻人更能够接受不确定性和模糊性——这正是智慧的基本特征之一。

年长成人在处理问题时也更加灵活，因为他们能够更容易察觉到情境中的社会背景，并且据此调整自己的反应。更重要的是，由于情绪控制能力的提高，他们在制定行动策略时表现出更大的灵活性。

这种比较行为研究表明，神经科学家们可能已经发现了确凿的实证证据，证明年龄确实是智慧的真正来源。"年老智深"（with age comes wisdom）不再仅仅是一个谚语。

———————————

① 本书中文版参见：时报出版，2022。

细节特写　Close-up fact

传统文化和土著文化一直重视长者的智慧，并且以应有的尊重和爱护照顾他们。长者智慧的价值应当在每种社会中得到更新，并在学校中传授。孩子与长者之间常常形成最具创造性和快乐的伙伴关系。

 少些人工智能，多些人类智慧

我问我现在 10—15 岁的孙子孙女们："9 的三分之一是多少？"他们不得不用智能手机上的计算器应用来找到答案。他们和父母在古巴海滩待了一周后，我又问他们："你们刚刚去过的那个岛国的首都叫什么？"他们又不得不用智能手机上的搜索引擎。

像他们一样，这一代的大多数人远非"愚蠢"（毕竟他们是**我的**孙子孙女！），但他们并没有运用自己的真实智慧。相反，他们依赖于智能手机中的人工智能应用。他们绕过了锻炼大脑与心智之间的连接，包括他们的记忆。相比之下，他们的父母非常注重让他们锻炼身体，每个孩子放学后都会参加至少三项体育活动。

现在想象一下，足球运动员通过使用被动模拟器进行训练，而不是在球场上奔跑、跳跃和踢球。这在任何有组织的体育项目中都是不可想象的。运动员们的实际身体表现将会非常糟糕。

当我们过度使用智能手机上的人工智能应用程序，而不是锻炼大脑与心智连接时，为什么我们会期望有所不同呢？健康的记忆与真实智慧是"手拉手"（或者说是"神经元连接神经元"）的关系。

如果没有真实智慧，我们的记忆根本无法发挥其最大潜力。

◆ 记得去生活，而不是为记忆而活

保持我们记忆的良好运作，尤其是在无法完全避免与年龄相关的记忆障碍时，只是幸福和充实生活的一部分。生活本身是一个不断被发现的谜。

记住，**你的年龄是通过你每天发现的多少来衡量的，而不是通过你在生物学上积累了多少圈地球自转来衡量的。**

英国著名剧作家、英国皇家文学会会员迈克尔·弗雷恩（Michael Frayn，1933——　）在 90 岁时再版了他的三部经典剧作：《哥本哈根》（*Copenhagen*，1998）、《民主》（*Democracy*，2003）和《来生》（*Afterlife*，2008）。他还为这些剧作撰写了新的序跋。这对于一位剧作家来说是极不寻常的。

弗雷恩写道："如果最终仍然需要为在已经模糊的事实结构上堆砌公认的虚构提供理由，那么这个理由无疑是：所有那些深刻影响我们感知和记忆的内心状态和事件——我们所有的恐惧与希望，我们先入为主的观点与自我欺骗——是无法被直接观察到的……我们的意图往往更加难以捉摸。然而，如果没有对于背后意图的理解，任何的人类行为都无法评判，甚至无法理解。"

托马斯·摩尔（Thomas Moore，1940——　）在他美丽的书《冥想》（*Meditations*，1994）中写道："冥想提供了数不胜数的方式，让我们离开此刻，进入永恒。这种冥想或许只持续几秒钟——比如你看到窗外有一只啄木鸟在爬树。"

摩尔是一位音乐家、大学教授和心理治疗师，同时也是 30 多本书的作者，包括畅销书《心灵的照护：在日常生活中培养深度与神圣感的指南》(*Care of the Soul: A Guide for Cultivating Depth and Sacredness in Everyday Life*，1992)。他拥有锡拉丘兹大学的博士学位及多项荣誉博士学位。

他在《冥想》中说："这本书……试图为读者捕捉这种'炼金术'。我相信，无论男女，我们所有人都能通过沉思获益，获得一种可以在我们日常的世俗生活中培养的精神。这种精神能够深化我们的价值观和体验，滋养我们的心灵，并让我们在曾经认为只有世俗性的地方发现神圣性。"

 细节特写　Close-up fact

当我们的母亲、父亲或者其他受信任的长辈劝告我们"但行好事，莫问前程"时，我们应该相信他们的智慧，这正是无忧无虑地生活的一个关键。

 添加你的专属智慧

现在轮到你了。你会为我们的列表添加什么建议和小贴士？

_____

_____

_____

_____

Chapter VIII 第 8 章

未来 —— 一种平衡的艺术
The Future—A Balancing Act

地球，这颗美丽的星球，已经自转并围绕太阳公转超过 45 亿年，并且很可能还会存在至少几十亿年。每一次完整的自转都意味着地球上的一切生命，包括我们在内，都会失去一天的时间。

尽管人类在这个星球上已经生活了大约 30 万年，但这个漫长的时间跨度仅占地球整个存在的 0.007%。

没错，在地球的绝大部分历史中，我们的家园一直在没有我们的情况下自转。正是经过**这么长**的时间，它才发展出适合我们生存和繁衍的环境——合适的温度、重力和气压，充足的淡水，可呼吸的大气，可食用的植物，可供狩猎和驯养的动物，原材料资源，等等。

人类从出生起就被预设为彼此关爱，成为地球乃至整个宇宙的守护者。这是何其光荣，又何其重大的责任！

我们不知道地球还会围绕太阳转动多久。我们能够确定的只是，某一天它**终将**停止转动；在那一天，这颗美丽星球上的生命——如果那时还有的话，将会彻底消失。

在现在这个时刻，我们知道，经过数十万年的进化，令人惊叹的人类大脑、心智与真实智慧的协作将会永续存在。如今，我们有幸掌握相关知识，只要生命延续，就能让这台独特的"机器"终身保持最佳的健康状态——但前提是，**当且仅当**我们呵护自己的大脑，也呵护他人的大脑时。

我们共同设计和制造的计算与通信"智能"机器也将长久存在。而且我们可以选择是使用它们，还是滥用它们。

智能手机、微芯片和人工智能应用的世界仍然年轻，但它们和我们一样，将继续成熟。它们诞生于我们的研究实验室和工厂，是可以积累并使用知识的产物，这些知识自印刷机问世以来便得以保存和传播。在那之前，除了极少数富裕的人，几乎没有人能够接触到过去的知识。

许多古代文明在艺术、科学和口头文学方面达到了惊人的高度，但很少有文明拥有足够的书面识字率，能够为后代留下可供阅读的书籍。

除非发生核战争或者全球性环境灾难，否则人类将继续受益于过去至少 5000 年来积累的知识，并且在此基础上不断增添新知。

我的梦想之一是，大学能够开设跨学科的本科生和研究生课程，将大脑、心智和真实智慧与智能手机、微芯片和人工智能技术的同等深入的研究相结合。

加州理工学院的卡弗·米德（Carver Mead，1934）等人被认为是微芯片系统革命的开创者，他们在经典教科书《超大规模集成电路导论》（*Introduction to VLSI*，1979）中阐述了这一革命。

在这本书取得成功后，他们将重点转向模仿人类大脑与心智的模拟系统，提出了当时新颖的"神经形态工程"（neuromorphic engineering)概念。尽管这一学科花了一些时间才获得学术认可，但斯蒂夫·法伯(Steve Farber)在 2016 年《神经工程学杂志》(*The Journal of Neural Engineering*)中报告了该领域的最新进展。

　　著有畅销书《我脑中的幽灵：一次脑震荡如何夺走我的生命，以及神经可塑性的新科学如何帮助我找回它》(*The Ghost in My Brain: How a Concussion Stole My Life and How the New Science of Brain Plasticity Helped Me Get It Back*，2015)的克拉克·埃利奥特(Clark Elliott)观察到："重要的是，要知道，我们才刚刚开始了解大脑是如何运作的——从计算的角度来看，它大致相当于 5000 万台计算机，而我们对于其实际设计知之甚少。我希望读者能够真正体会到人类大脑的非凡伟大及其深远的能力。"

　　埃利奥特在德保罗大学担任人工智能与认知科学教授已有 30 多年。作为一名表演艺术家(曾是童星)，他还曾在伊斯曼音乐学院学习。他发表了许多关于情感和人格的计算模型、可信软件代理以及认知神经科学的研究论文。他也是最早开发智能代理过程模型的学者之一。

　　在《我脑中的幽灵》一书中，埃利奥特讲述了他在 1999 年由于车祸导致严重脑震荡后生还并且康复的痛苦经历。在漫长的康复过程中，他持续书写了一份日志，详细记录了自己经历的过程，最终形成了 1200 页的文档。他通过向超过 1000 万人讲述自己的经历以及大脑可塑性的新神经科学，继续这段旅程。

　　埃利奥特随后发展并教授了 30 多门新的计算机科学、认知科学和伦理学课程。在他的工作中，经常提到诺曼·道伊奇(Norman Doidge)的两本重要著作：《唤醒大脑：神经可塑性如何帮助大脑自我疗愈》[①]（*The Brain's Way of Healing: Remarkable Discoveries and Recoveries from the Frontiers of Neuroplasticity*，2016）和《重塑大脑，重塑人生》[②]（*The Brain That Changes Itself*，2007）。

在《飞行中的昆虫》（*Insects in Flight*，1968）一书中，萨尔大学动物学研究所教授兼所长维尔纳·纳赫蒂加尔（Werner Nachtigall）写道："直到 19 世纪末，飞行器仍然被设计成巨大鸟类的形状。但大自然并没有为我们提供工程师可以肆意借鉴的蓝图。"

他继续说道："工程师应该通过研究大自然如何解决许多技术问题来汲取大量知识，但他们无法直接把大自然的解决方案拿来而不加以改编。他们必须观察和比较，借鉴其中的思想，但不能够盲目复制，要在此基础上进行改进，并且将其作为出发点。所谓的'仿生学'——或者生物技术——正是以此为研究目标：研究人员可以偷听大自然的秘密。"

理查德·帕辛汉姆（Richard Passingham）在《认知神经科学：牛津通识读本》（*Cognitive Neuroscience: A Very Short Introduction*，2016）中反思道："人们常常容易去猜测那些可能出现的技术进展，这些进展可能会彻底改变认知神经科学。"

帕辛汉姆博士是牛津大学认知神经科学荣休教授，也是最早使用脑成像技术研究人类认知的学者之一。他的其他著作包括《人类大脑有什么特别之处？》（*What Is Special about the Human Brain?*，2008）和与詹姆斯·B. 罗威（James B. Rowe）合著的《脑成像简明指南》（*A Short Guide to Brain Imaging*，2015）。

---

① 本书中文版参见：机械工业出版社，2016。
② 本书中文版参见：机械工业出版社，2015。

他强调，研究大脑活动需要通过"能够敏感捕捉神经元活动时间模式的方法。但正电子发射断层成像和功能性磁共振成像都不太适合这一目的，因为血液供应的变化并不像神经元活动本身那样迅速。这意味着我们需要利用其他方法，目前有三种可用的方法：脑磁图（MEG）、电极阵列记录以及单个神经元记录"。

他提出了一个问题："那么，长远来看，未来会怎样？没有人认为我们理解大脑所需要做的就是使用脑成像技术或者记录神经元的活动。人类大脑中大约有 1000 亿个神经元。因此，我们需要能够在超级计算机上运行的关于大脑如何工作的模型……假设这一点已经实现。那它是心理学，还是神经科学？这个问题就像是问分子生物学是物理学、化学还是生物学一样。像分子生物学一样，认知神经科学处于不同学科的交界处，而这正是科学中最激动人心的地方。这比研究老鼠和鸽子的行为要激动人心得多。"

苏珊·霍克菲尔德（Susan Hockfield），麻省理工学院神经科学教授——她是这所著名学府的首位女性校长兼首位生命科学家校长——将一场关于"21 世纪的技术故事：生物学与工程学及物理科学的融合"的讲座，转化为《生命科学：无尽的前沿》①（*The Age of Living Machines: How Biology Will Build the Next Technology Revolution*，2019）一书。

她写道："我与许多其他科学家和工程师并肩走过的道路，充满了极大的启发和回报，但仍然任重而道远。未来正在逼近。我们仍然面临着下一个世纪的艰巨挑战，而要克服这些挑战，我们需要召唤出一种共同的抱负和承诺，其力量将与我们当年为了赢

---

① 本书中文版参见：湖南科学技术出版社，2021。

得第二次世界大战所召唤出的力量同样强大。但这一次，我衷心希望，我们的动力不是来自战争的威胁，而是来自和平的承诺。"

◆ 机器的未来：市场驱动还是技术驱动？

制造一台机器可以是市场驱动的；也就是说，它是直接响应消费者需求的。在其他情况下，它是技术驱动的，用于制造那些由于高成本（或者高复杂性）而几乎没有消费者需求的专用机器。但在一些情况下，市场会随着新机器及其技术的进步而被创造出来。实际上，大多数机器最终既是市场驱动的，又是技术驱动的。

一个技术驱动的机器例子是 20 世纪 80 年代配备了视频屏幕的家用电话，它允许人们在通话时看到彼此。然而，这款电话虽然设计初衷是面向消费者，却被消费者拒绝了。像《杰森一家》(*The Jetsons*)这样的卡通节目中就有视频电话的出现，而经典电影《2001：太空漫游》(*2001: A Space Odyssey*)则赋予了这一未来科技一种日常的温暖感，在电影中，一位太空旅行的科学家通过视频电话与地球上的小女儿通话。即使这个概念远远超出了当时的时代，这一场景仍然深受 20 世纪 60 年代的观众的喜爱。

然而，在 20 世纪 90 年代，另一种技术驱动的通信机器——移动无线设备（很快被称为手机）——似乎在恰当的时机出现，迅速被消费者接受。随着手机体积迅速缩小、价格下降、可靠性和功能不断增强，全球使用量呈指数级增长，并且这一趋势至今仍然在持续。

今天智能手机上众多可用的人工智能应用是否会继续推动全

球用户数量的增长？可以保守地预测，未来 10 年左右，这一增长将会持续，但随着进入 21 世纪中期，增速可能会有所放缓。

目前流行的智能手机趋势之一是无线硬件附件，这些附件可以测量血压、血糖、体重、运动、能量消耗等个人健康数据。所有这些数据都会被存储，并且可以轻松下载，以便每天、每周或每月绘制统计图。

类似地，随着越来越多的固定家具和家电被编程为可以通过应用程序远程控制，物联网（LoT）的发展将进一步扩大。今天的"智能家居"配备了可以远程控制的便利设施，如暖气/空调温控面板、照明系统、炉灶和烤箱、冰箱和冰柜、安防摄像头等，这些设备都可以与智能手机往返沟通。在更大规模上，从医院、学校、大学到各种规模的企业，从小商店到跨国公司，都在通过物联网实现日益紧密的连接。

在不远的将来，物联网不仅可以连接单个智能家居，还可以连接智能邻里、智能社区和智能城市。

一个亟须解决的技术难题是如何高效管理通过无线网络传输的大量数据。目前，解决方案仍然处于研究阶段，采用的计算机科学技术包括机器学习和大数据，这些技术目前也被应用于开发新的人工智能应用程序。

◆ 假体和成像技术

得益于人工智能和智能技术的医疗进步，未来不久将见证假体领域的重大突破——即整体或部分器官、关节和完整肢体的替换部件。膝关节和髋关节置换手术已变得司空见惯，心脏起搏器的使用也已成为常规治疗。白内障手术，通过将浑浊的自然眼睛晶状体替换为塑料晶状体，已成为教科书中的常规医疗程序。增强型成像技术带来的诊断进步，在将这些改变生命的手术从研究转化为日常现实方面发挥了至关重要的作用。

布朗大学法语与法语地区研究教授戴维·威尔斯（David Wills）在他那本视觉上极具美感的《假体》（*Prosthesis*，1995）一书中，探讨了人类身体作为一项技术奇迹的意义，强调其与现代假体在生理和心理上的无缝融合。

他的思想在另外两本书中得到了进一步发展：《无生命：有机生命的理论》（*Inanimation: Theories of Organic Life*，2016），探讨了"活着"这一概念的多重含义；《背向：通过技术与政治的反思》（*Dorsality: Thinking Back through Technology and Politics*，2008），研究了技术如何在人类"之前或者背后"发挥作用。这三本书均由明尼苏达大学出版社出版。

◆ 真实智慧的未来

人类精神生活与物质驱动的存在之间的不同平衡决定了个人对于一些基本问题的回答，如：我们是谁？我们想要什么？我们要去哪里？我们要做什么？或者，要看什么、要记住什么？

在我们未来地球上的存在中，创造一种有益的平衡，既能够利用我们的真实智慧，又能够有效地使用智能机器中的人工智能，将在我们未来的寿命和健康状况中发挥至关重要的作用。

在集体真实智慧层面，我们应该反思哥伦比亚大学社会学教授 C. 莱特·米尔斯(C. Wright Mills)在 1956 年所说的话："只有当思想具有独立于权力的自主基础，并且与权力有力相关时，思想才能够在塑造人类事务中发挥其作用。只有当存在一个有知识的公众，知识分子为之服务，并且权力的掌握者对其真正负责时，这在民主意义上才是可能的。"

◆ 培养我们的真实智慧

人类真实智慧的一项惊人功能是，为求生存，有能力创造口头沟通。更为惊人的是，我们进一步学会了如何创造符号结构来书写并保存我们的大部分口头语言，并且将其传授给他人，积累更多知识，进行发现、治理、记录历史等。

语言不仅发动了战争，也创造了和平条约。它还为人类提供了一个无限的想象工具，用于写诗、重要文献、歌曲和戏剧。尽管我们出生时并不知道如何通过言语进行交流，但这些能力在子宫中就已预编程在我们的真实智慧中。像说话这样的语言技能主要是通过无监督学习获得的：婴儿会模仿他们听到的声音。

然而，阅读和书写我们通过听觉获得的语言需要监督学习。在许多古代文明中，识字技能被视为神圣的，只有富裕和精英阶层才能够获得。但社会和文化的障碍从没有阻止过诗人、剧作家以及其他人记录他们的故事和诗篇，分享给所有人，包括那些不能阅读和书写的人。

语言的历史——口语、阅读和书写——是一个无尽迷人的主题。史蒂文·罗杰·费舍尔（Steven Roger Fischer，1947——　　）在这一领域写了三本优秀的书，这些书都经过了多个版本的修订（这里只列出了最早的版本）：《阅读的历史》①（*A History of Reading*，2003）、《书写的历史》（*A History of Writing*，2001）和《语言的历史》②（*A History of Language*，1996）。

费舍尔是新西兰语言学家，曾担任奥克兰波利尼西亚语言与文学研究所所长。他还著有《世界尽头的岛屿》（*Island at the End of the World*，2005），书中讲述了复活节岛的动荡历史，这是我刚刚加入我的愿望清单中的一个地方。

费舍尔的作品得到了杰出的语言学家诺姆·乔姆斯基（Noam Chomsky，1928——　　）的赞誉。乔姆斯基写道，费舍尔"引人入胜并且雄心勃勃的研究探讨了一个广阔的领域，其中一些部分几乎没有被绘制出来，另一些则在许多年甚至几个世纪以来被深入研究。自始至终，他讨论了直接涉及人类本性和成就的基本而独特的问题。这是一项激发思考并且极具信息量的调查"。

◆ 当心——人类真实智慧可能被武器化

人类可以利用他们的真实智慧来影响和控制其他人的真实智慧。这种技术通常被称为"洗脑"，并且可能导致永久性的心理伤害。相比之下，带有人工智能程序的机器不能够改变或者影响另一台人工智能机器的认知过程——至少，迄今为止没有证据表明

① 本书中文版参见：商务印书馆，2009。
② 本书中文版参见：中信出版社，2023。

存在这种机器与机器之间的影响。

在《心智的争夺：转变与洗脑的生理学》(*Battle for The Mind: A Physiology of Conversion and Brain Washing*，1957，2015)一书中，英美心理医学领域的著名医生和研究员威廉·W. 萨金特(William W. Sargant，1907—1988)问道："人们怎么会突然改变他们长期以来的常识呢？"

他解释道："在洗脑中，创伤通过剥夺睡眠、不断施加替代理念的压力以及身体虐待来实现。在宗教皈依中，创伤是内在的，是对地狱与诅咒的恐惧与接受宗教之间的冲突。在精神占有中，没有创伤，而是通过反复的击鼓、吟唱、跳舞、用药、喝酒带来的情绪高涨压力。"

◆ 停下来，闻闻玫瑰花香

每当我感到沮丧或忧郁时，我已故的母亲总是准确地提醒我："停下来，闻闻玫瑰花香①，我的儿子！"

在《心智的景观：感知与隐喻的世界》一书中，J. 道格拉斯·波蒂厄斯扩展了这一历久弥新的箴言，这句话曾被无数母亲在历史中说出。

在这本配有奥勒·赫根(Ole Heggen)原创插图的美丽的书中，波蒂厄斯探讨了气味景观和声音景观的乐趣，接着深入讨论了身体景观、心智景观、内在景观、家园景观、旅行景观、逃避景观、童年景观以及死亡景观，并且从哲学、文学、诗歌、地理学、心

---

① 原文为"stop and smell the roses"，意为"停下脚步，享受生活"，这里采用直译。

理学，乃至城市与环境研究等丰富的文献中汲取灵感。

◆ 大脑与心智在医学中的作用

2009 年，斯坦利·乔尔·雷斯（Stanley Joel Reise）撰写了《技术医学：医生与患者的变革世界》（*Technological Medicine: The Changing World of Doctors and Patients*）一书，提出了医学领域的重要观点。雷斯是乔治·华盛顿大学医学和卫生科学学院的健康护理科学与健康政策临床教授。他是一位多产的作者，著有超过 120 种书和论文。

在《技术医学》一书中，雷斯提出了他所称的"另一种心肺复苏术（概念、政策和关系）①"，以有效管理医学中新兴的机器帝国。他认为，"协调技术、社会和人文学科医学领域的三项基本步骤"至关重要。

1. 我们应该评估当前医学理论基础的充分性。有一种适应性概念的优势，它将健康和疾病视为个人与周围环境相互作用的结果——主要是外部的物理和社会世界，以及内部的个人和心理世界。对于这些环境挑战的适应性反应等同于健康，而不适应的反应则与疾病相关。适应性视角是希波克拉底医学的基本组成部分，并且维持了很长时间。适应性视角反对将人的健康状况狭隘地理解。解剖学上的关注可以纳入

---

① 心肺复苏术的英文简称 CPR，也分别是概念（concept）、政策（policy）、关系（relationship）的英文首字母。

这一方法，但不能够主导它。

2. 为了掌握技术，我们必须建立强大的医疗关系。它们生成证据并且解决技术干预无法解决的问题。只有当解释健康与疾病的理论需要关系和对话才能够蓬勃发展时，作为病人的我们学习自我本质以及我们的需求才会成为医疗接触中的显著且持续的特征。

3. 鼓励合理使用技术的第三个必要步骤是有力的社会政策。例如，无论采取了多少技术性和其他干预，针对特定医疗问题都给予固定的支付，以限制不必要的治疗；根据技术的成本、效益和负担与替代治疗方法的比较，评估技术的有效性，尝试确定针对特定病症的最佳治疗方法。虽然作为引导技术的主要手段，社会政策至关重要，但其效果并不理想。原因在于，如果没有能够提供非技术性路径来理解和治疗病人的替代性疾病观，医生就会抵制对技术手段这种他们认为是首选并且最可靠的方案设限。除此之外，他们还能怎么做呢？

❖ 我们的大脑与心智与气候变化

20 多年前，威廉·H. 卡尔文（William H. Calvin，1939—　）在《适应四季的大脑：人类进化与突发气候变化》（*A Brain for all Seasons: Human Evolution and Abrupt Climate Change*，2002）一书中探讨了气候变化对于我们大脑与心智的影响。

卡尔文博士是华盛顿大学医学院精神病学与行为科学的附属

教授。他已经独著或合著了超过 20 本书，其中包括与乔治·A. 奥杰曼（George A. Ojemann）共同撰写的重要参考书《大脑内部》（*Inside the Brain*，1980）。

卡尔文警告说："当新闻中提到'气候变化'时，通常是指温室气体导致的全球变暖，预测这将引发洪水、严重的风暴和致命的热浪。但矛盾的是，变暖也可能导致**突如其来的剧烈降温**（'全球变暖的邪恶双胞胎'）——一种可能威胁文明终结的灾难。"

他补充道："大约在 12 万年前，在我们最近一次冰河时期之前的温暖时期，现代智人可能正漫步在非洲，皮肤黝黑——并且拥有比之前大三倍的大脑……现在尚不清楚冰河时期与大脑大小需求之间有什么关系。"

◆ 需要更多的会议

为了在不损害人类真实智慧的情况下安全过渡到这个新的人工智能时代，研究人员之间的跨学科会议是必不可少的。尽管已经举行了一些此类会议，但与技术扩展的速度相比，这些会议的数量仍然太少。

其中一场活动于 2022 年 1 月 19—21 日在意大利福贾举行，名为"心理学、学习与技术首届国际会议"（PLT 2022）。

会议讨论的主题包括：大学远程学习的动机，教育领域的故事讲述实践，心理学、传播与市场营销，电子学习平台，为孤独症儿童设计的机器人辅助治疗策略，赋能学生、塑造未来。

PLT 2022 的会议论文集由皮耶尔保罗（Pierpaolo）博士、拉法埃莱·迪富乔(Raffaele Di Fuccio)博士和朱西·安东尼娅·托托(Giusi Antonia Toto)博士编辑，2022 年出版。

◆ 我们的未来，我们的选择

距著名经济学家 E. F. 舒马赫(E. F. Schumacher，1911—1977)撰写《小的是美好的》[①](*Small Is Beautiful: A Study of Economics as if People Mattered*，1973)已经过去了 50 年。舒马赫预言性地认为，为使得技术能够服务于我们而非摧毁我们，必须为任何有价值的事物付出相应的代价。这需要一种平衡的努力、想象力的发挥，并要放弃恐惧。

◆ 最后……

在这里，我们来到了这段旅程的尽头——作为读者的你，与作为作者的我，共同走过的旅程。如果你和我一样相信有"沟通的宇宙"，那么我觉得我已经把你视为一个与我有相同梦想和科学兴趣的同类人，这正是促使我写这本书的动力。

感谢你与我一起度过这段美丽的旅程，希望我们在未来能够再次相遇。

我在这个美丽的地球上度过了 80 年(希望还能更久)的时光后，如果说能够给年轻的读者什么忠告，那就是我母亲曾经说过的话。她活得足够长，她见证了她的儿子登上了微芯片和人工智能研究

---

① 本书中文版参见：四川人民出版社，2022。

的巅峰；她知道我成为全球各地的顾问，拥有广泛的需求——从日本、欧洲、美国到加拿大各地。她常提醒我的是："**儿子，谋生容易，改变难。**"

这句话再真切不过了。所以，我真诚地希望，来自各行各业、各种文化、各种背景、各种信仰和各个学科的年轻人，都能够找到并且阅读这本书。我希望有人能够在他们毕业或者生日时送给他们一本。我希望他们能够熟练地理解自己使用的智能手机，理解让这些智能手机成为可能的微芯片，理解背后所有的科学以及他们能够接触到的人工智能应用程序背后的科学。

知识一直是，也将永远是把挑战转化为机遇的关键。我们每个人都有终身的责任，让这个美丽的地球至少和我们发现它时一样美丽，甚至更美好。我希望这本书能够成为年轻人获得更多知识的催化剂，这种知识能够带来真正的改变。因此，我收集了一些推荐的参考书目供进一步阅读。我祝愿将来的每一代都能拥有幸福的未来。

我也希望能为年长读者提供足够的知识来帮助他们克服对未来的种种恐惧，减少抑郁和焦虑，拥抱积极的健康老龄化生活方式。

最后，我希望**所有**读者，无论处于生命的哪个阶段，都能够找到一种爱好、一种激情或者一种喜爱的运动。在这里，你将通过大脑与心智和身体的和谐互动得到卓越的技能。

我希望他们能够因此获得启发，关注自己的身心健康，追求真正的完整生活体验。我希望他们滋养内心的爱，品味每一次呼吸的甜美，享受这个宇宙的无尽美丽。

我想以托马斯·默顿的话来结束：

　　我们并非仅仅为自己而存在，只有当我们完全确信这一点时，我们才开始真正地爱自己，进而爱他人。我所说的真正爱自己是什么意思呢？我的意思，首先是渴望生活，接受生活作为一份极大的礼物和极大的善，不是因为它给了我们什么，而是因为它使得我们能够给予他人什么。

祝大家玩得开心！

术语表
Glossary

算法(Algorithm)

一组用于计算或者解决问题的有限的规则，特别是在编程或者预编程智能手机或者计算机时应用。该术语也可以借用来模拟人类大脑与心智。

模拟(Analog)

在数据系统、智能手机或者计算机中，模拟指的是使用信号在上限和下限之间的任意值范围内表示信息。这种信息表示方法也被人类大脑与心智所采用。在机器中，模拟信号会被转换为数字信号(仅取值为0或者1的信号)，以便于信息的处理和存储，这一过程使用模数转换器微芯片完成。而为了使得数字信息能够被人类大脑与心智所理解，数字信号会通过数模转换器微芯片设备转换为模拟信号。

应用程序（App）

"Application"的缩写，是指为特定用途设计的计算机程序，特别是在智能手机中使用的程序。该术语也可借用来模拟人类大脑与心智。

人工神经网络（Artificial Neural Networks，ANNs）

人工神经网络是一种电子网络，其设计和运行原理模仿了人类大脑与心智中的生物神经网络。这一层次的机器学习逐步发展为人工智能。

人工智能/机器智能（Artificial or Machine Intelligence，AI）

一种通过学习大量示例来模仿人类大脑与心智的决策能力并且执行相应操作的计算机程序。

联想存储器（Associated memory）

一种在智能手机、计算机或者人类大脑中组织、保存和存储信息的方法，利用相关（即关联）信息来节省存储空间。

反向传播算法（Backpropagation algorithm）

一种用于训练人工神经网络的算法，其设计和功能借鉴人类大脑与心智。该人工神经网络可以自我修正，以改善预定的学习结果。

信念（Belief）

一种坚定的宗教、哲学和/或生活方式主张。

故障（Bug）

计算机程序或者算法中的错误，也称为"小差错"（glitch）或者"小鬼"（gremlin）。

中枢神经系统（Central nervous system）

人类神经组织的密集中央集群，包括大脑和脊髓。

大脑皮层（Cerebral cortex）

人类大脑两个半球的外层，主要负责我们的行为。

大脑半球（Cerebral hemispheres）

人类大脑的左右半球。

大脑（Cerebrum）

人脑中最大的部分，包括双侧大脑半球。

聊天机器人（ChatBot）

一种安装在智能手机、平板电脑或者笔记本电脑上的计算机程序，通过预设的问题和答案进行对话。"Chat"来自"聊天"（chatting），"Bot"来自"机器人"（robot）。

认知科学（Cognitive science）

通过语言学、心理学、神经科学、哲学、人工智能、人类学等多个领域，跨学科地研究人类心理过程的科学。

深度学习（Deep learning）

基于人工神经网络的机器学习方法之一，可以拥有多个编程层次。

数字化（Digital）

在数据系统、智能手机或者计算机中，数字化指的是使用离散的（二进制）信号——0 或者 1——来表示信息。然而，人类大脑与心智并不采用这种方式来呈现信息。

基因（Gene）

遗传信息的单位，携带在细胞染色体中，从父母传递给后代，决定了后代的一些特征。

硬件（Hardware）

构成智能手机或者计算机的有形组件或者物理组件，与软件或者编程等无形组件相对。

图像识别（Image recognition）

在人类和智能设备中，识别和响应视觉图像的功能。

机器学习（Machine Learning，ML）

通过反复示例适应和"学习"，在不需要进一步编程指令的情况下解决问题的算法的开发与应用。过程中有无直接的人类干预都有可能。

记忆（Memory）

人脑或者人工智能设备（如智能手机或计算机）中用于记录和存储信息的部分。

芯片（Microchip）

由晶体管和其他组件组成的集成化微型电子电路集合，排列在一块小型硅片或者"芯片"上。

心智（Mind）

人类大脑中负责自我意识的部分，思考、想象、记忆、感知，并且决定什么需要学习和记录。

模型（Model）

作为模板或者范例进行模仿的系统、事物或者现象，在分析人类大脑与心智功能中被广泛应用。

神经元（Neuron）

构成人类大脑基础结构和连接系统的神经细胞，负责接收来自外界和内部记忆的感觉输入，向肌肉发送电信号，并且执行思维过程。

知觉（Perceptron）

一个单独的人工神经元，当其输入超过预定值时，会被编程为开启。知觉是机器学习中的重要组成部分。

可塑性（Plasticity）

在脑科学和生物学中，可塑性是生物体固有的适应环境或者被环境塑造的能力，特别是在环境发生可能威胁生存的变化时。科学家们正在发现，神经可塑性在帮助大脑从各种创伤中恢复方面的重要性。

预编程序（Preprogramming）

将预设指令和功能安装到智能手机、计算机或者其他电子设备上的过程，以控制其未来的操作，通常在制造阶段进行，以使得这些设备更加用户友好和易于使用。这个术语也可以借用来模拟大脑与心智。

程序（Program）

一系列指令的顺序编码，使得计算机或者智能手机能够理解并且在无限时间内反复执行这些指令。软件可能包含许多相互关联的程序。计算机程序中可以被人类读取的部分称为源代码。这个术语也可以借用来模拟大脑与心智。

真实智慧（Real Intelligence，RI）

人类大脑与心智中在出生前预编程的认知能力，使得我们能够在一生中不断发展和学习。

刷新存储（Refreshing memory）

在智能手机、计算机和人类大脑与心智中，指的是从存储的记忆中读取信息并且"重写"的过程。

机器人（Robot）

机器人是一种电子机械装置，通常（特别是在科幻作品中）类似于人类或者家畜。它通过内部和/或外部的计算机程序进行控制，能够反复执行物理和计算操作。

短时记忆（Short-term memory）

人类记忆中短时间内保存的信息，如果经过反复回顾，就会嵌入长时记忆中，成为学习的一部分。这个术语在软件工程中也有使用。

奇点 (Singularity)

一种已知规律不再适用的状态，会导致扭曲的出现。宇宙中的黑洞通常被称为奇点。奇点可以发生在任何复杂系统中，无论是物理的或者是生物的。

智能传感器 (Smart sensor)

智能传感器利用嵌入式微芯片对它们从外部环境收集的信息进行初步处理，然后再将这些信息发送至中央位置。这个术语也可用于研究人类大脑与心智的感知能力。

软件 (Software)

软件是一个通用术语，指的是构成智能手机或者计算机无形部分的一组程序或者软件套件。它由一系列指令、数据或者专门构建的算法组成，用于执行特定任务。

监督学习 (Supervised learning)

监督学习是一种人工智能方法，其中智能手机或者计算机的算法通过内部编程进行训练，以寻找答案或者执行新的功能。这个术语也可用于研究人类的大脑与心智，例如，当我们学习阅读时，大脑就处于一种被监督的状态。

理论（Theory）

一种有根据的解释，能够结合规律、假设和可测量的事实来阐释所观察到的数据。

训练（Training）

在机器学习中，设备的程序通过提供大量所需要的示例进行训练，从而使得其能够生成自己的结果。

训练集（Training dataset）

通常是机器学习中使用的海量数据，用于训练人工智能程序如何独立解决问题。在训练集中，机器学习算法会提取与其特定功能相关的特征。

晶体管（Transistor）

一种微型半导体，通常安装在硅芯片上，既可以作为开关使用，也可以作为放大器。它被用于调节电子信号的流动，是微芯片的主要构件。

无监督机器学习（Unsupervised machine learning）

一种机器学习方法，在这种方法中，人类编程者并不直接"指导"算法寻找答案，而是通过让算法分析和比较大量数据集来学习，从中提取有用的模式，这是人工智能技术的一个重要特征。

这个术语也可用于研究人类的大脑与心智，例如，人类通过无监督学习来学习语言。

真空管 (Vacuum tube)

真空管由一个密封玻璃灯泡中的灯丝组成。当灯丝加热时，它会使得电子变得活跃。在晶体管发明之前，真空管被用于控制电子设备中的电流流动，并且作为第一代计算机中的开关。

延伸阅读

For Further Reading

Ashwell，Ken. *The Brain Book: Development, Function, Disorder, Health*. Firefly Books，2012. 这是一本关于人类大脑的书，制作精美。作者是澳大利亚新南威尔士大学的神经生物学教授。

Attia，Peter，with Bill Gifford. *Outlive: The Science and Art of Longevity*. Harmony，2023. 本书曾位居《纽约时报》畅销书榜首。

Benson，Herbert，with Mary Stark. *Timeless Healing: The Power and Biology of Belief*. Scribner，1997. 作者是一位心脏病学家，曾在哈佛担任心身医学教授，并且创立了马萨诸塞州总医院心身医学研究所。这本书如今被视为经典，提供了一种循证的方法，通过精神生活来疗愈身心。

Bloom，Paul. *Psych: The Story of the Human Mind*. Ecco，2023. 作者是多伦多大学和耶鲁大学的心理学教授。这本好书为该领域新增了近期、易于理解的作品。

Burford-Mason，Aileen. *The Healthy Brain: Optimize Brain Power at Any Age*. Patrick Crean Editions，2017. 作者是一位细胞生物学家，曾担任多伦多大学医学院助理教授。该书强调营养作为实现最佳心理健康和幸福感的自然方式。

Butler，Gillian，Nick Grey，and Tony Hope. *Managing Your Mind*. 3rd ed. Oxford University Press，2018. 这是一本受欢迎的 700 多页参考书的最新版，第一版出版于 20 多年前。本书旨在"建立韧性、克服情绪困扰，并促进自我发展"。

Buzsáki，György. *The Brain from Inside Out*. Oxford University Press，2019. 作者是纽约大学医学院的神经科学教授。这本书是他的经典著作《大脑的节律》（*Rhythms of the Brain*）的续篇，他的论点是：人类大脑通过探测其物理环境，只选择生存和繁荣所需要的信息。

Calvin，William H. *A Brain for All Seasons: Human Evolution and Abrupt Climate Change*. University of Chicago Press，2002.

Dingman，Marc. *Bizarre: The Most Peculiar Cases of Human Behavior and What They Tell Us about How the Brain Works*. Nicholas Brealey，2023. 作者是宾夕法尼亚州立大学生物行为健康学教授。这本书包含了一些针对他的临床案例研究。

Dreyfus，Hubert L. *What Computers Still Can't Do: A Critique of Artificial Reason*. MIT Press，1992. 作者是加州大学伯克利分校的哲学教授。本书初版于 1979 年。作者还撰写了《超越机器的心智：计算机时代人类直觉与专业知识的力量》，在书中，作者论证了"机器可以展现出类似人的理解"这种想法为何错误。

Eliasmith，Chris. *How to Build a Brain: A Neural Architecture for Biological Cognition*. Oxford University Press，2013. 作者是加拿大人，滑铁卢大学理论神经科学研究主席，并且是该校理论神经科学中心的主任。他还在滑铁卢大学哲学、系统设计工程、计算机科学和心理学系担任本部职务或交叉任职。他的书通过数学分析了大脑功能，特别是记忆、注意力和规划。

Elmasry，Mohamed I. ，ed. *VLSI Artificial Neural Networks Engineering*. Kluwer Academic Publishers，1994. 编者是滑铁卢大学计算机工程学荣休教授，也是该校微芯片研究小组的创始主任。这本书解释了人工神经网络旨在模仿大脑功能的设计背后的数学原理。

Fischer，Steven R. *A History of Language.* Reaktion Books，2018.

Fischer，Steven R. *A History of Reading.* Reaktion Books，2019.

Fischer，Steven R. *A History of Writing.* Reaktion Books，2021.

Greene，Brian. *Until the End of Time: Mind, Matter and Our Search for Meaning in an Evolving Universe.* Knopf，2020. 作者是哥伦比亚大学物理学和数学教授。他是多本科学参考书的作者。

Greenfield，Susan. *A Day in the Life of the Brain: The Neuroscience of Consciousness from Dawn till Dusk.* Allen Lane，2016. 作者是一位神经科学家，也是英国上议院议员。本书解释了大脑如何每天 24 小时地管理我们的生活。

Greenfield，Susan. *Mind Change: How Digital Technologies Are Leaving Their Mark on Our Brains.* Random House，2015. 本书引发了全英国的讨论。在书中，作者声称人类大脑"正面临现代（数字）世界的威胁"。

Greenfield，Susan. *You and Me: The Neuroscience of Identity.* Notting Hill Editions，2011. 本书从社会学、精神病和神经科学的不同角度探讨了身份认同话题。

Greenfield，Susan, foreword. *Inside the Body: Fantastic Images from Beneath the Skin.* Firefly Books，2007. 本书以空前细节的彩色图片展示了人体器官（包括大脑）内部，采用先进的图片呈现技术，每张图片附有简短的提供信息的描述。

Hawkins，Jeff. *A Thousand Brains: A New Theory of Intelligence.* Basic Books，2022. 作者是手持计算设备领域的先驱。在本书中，他提出了智能机器的新架构。

Hockfield，Susan. *The Age of Living Machines: How Biology Will Build the Next Technology Revolution.* W. W. Norton & Company，2019. 作者是著名的麻省理工学院的荣誉校长和神经科学教授，她是该校历史上第一位女性校长。在本书中，她重点介绍了计算机工程作物、病毒构建电池和癌症检测纳米颗粒的进展。

Kissinger，Henry A. ，Eric Schmidt and Daniel Huttenlocher. *The Age of AI and*

Our Human Future. Little，Brown and Company，2021. 作者施密特曾担任谷歌首席执行官和董事会主席（2001—2011）；胡滕洛赫尔是麻省理工学院施瓦茨曼计算机学院的首任院长；亨利·基辛格曾任美国国务卿和理查德·尼克松（Richard Nixon）、杰拉尔德·福特（Gerald Ford）总统时期的国家安全顾问。本书探讨了"人工智能对我们所有人意味着什么"。

Matronic，Ana. *Robot Universe: Legendary Automatons and Androids from the Ancient World to the Distant Future*. Sterling Publishing，2015.

McGilchrist，Iian. *The Master and His Emissary: The Divided Brain and the Making of the Western World*. Yale University Press，2010.

McGilchrist，Iian. *The Matter with Things: Our Brains, Our Delusions, and the Unmaking of the World*. Vols. Ⅰ & Ⅱ Perspectiva Press，2021. 在这三本共计约 3000 页的书中，这位著名的精神科医生、哲学家和文学作家探讨了神经科学与形而上学之间的关系。

McKibben，Bill. *The Flag, the Cross, and the Station Wagon: A Graying American Looks Back at His Suburban Boyhood and Wonders What the Hell Happened*. Henry Holt and Co. ，2022.

Plotkin，Henry. *Evolution in Mind: An Introduction to Evolutionary Psychology*. Harvard University Press，1997.

Poynter，F. N. L. ，ed. *The Brain and Its Functions*. Blackwell Publishing，1958. 这本经典著作包含了 18 篇关于大脑或心智的研究论文，这些论文在 1957 年 7 月 15—17 日的英美脑与功能研讨会上发表。

Ratey，John J. *A User's Guide to the Brain: Perception, Attention, and the Four Theaters of the Brain*. Vintage Books，2002. 作者是哈佛医学院的临床精神病学副教授。这本 20 多年前出版的畅销书并未将大脑和心智与近年来人工智能和微芯片技术方面的进展联系起来。

Reiser，S. J. *Technological Medicine: The Changing World of Doctors and Patients*. Cambridge University Press，2009.

Restak，Richard. *The Complete Guide to Memory: The Science of Strengthening Your Mind*. Skyhorse Publishing，2022. 这是作者关于人类大脑所著的 20 多本书中最新的一本。

Sargant，William. *Battle for the Mind: A Physiology of Conversion and Brain-Washing*. Malor Books，2011.

Seth，Anil. *Being You: A New Science of Consciousness*. Faber & Faber，2022. 作者是英国萨塞克斯大学认知与计算神经科学教授。他的研究集中在意识的生物学基础上。

Very Short Introductions. "牛津通识读本"系列是涵盖数百种主题广泛的简明科学丛书，被认为是优秀且信息丰富的"进入一门新学科的刺激途径"。

尾　声
Epilogue

驻足片刻

驻足片刻吧。
凝视神造物的雄壮。
你可还记得
那些哑然无声的时光？

驻足片刻吧。
你可曾见过雏鸟
耐心等待着母亲的归航？
她的怀抱，情深意长。

驻足片刻吧。
轻嗅百合，吸满花香。
看它们避开热烈的茉莉
却与红白玫瑰结下不解情长。

驻足片刻吧。

追随野河蜿蜒流淌。

听那孤独的火车汽笛声，

回响在附近的铁轨上。

驻足片刻吧。

为你的生命欢唱。

感谢上天赐予你

这比黄金还珍贵的宝藏。

驻足片刻吧。

因为不久，你的心灵将飞向

所有人类与肉体都无法企及的远方，

在六尺黄土之下长望。

——摘自《神圣的爱》

穆罕默德·埃尔马斯里

Pause a moment

Pause a moment.

Look at the grandeur of God's work.

Do you still remember

the days when you couldn't talk?

Pause a moment.

Have you seen the baby birds

waiting patiently for their mom?

Her hug is worth more than a mouthful.

Pause a moment.

Smell the lilies, breathe in flowers.

See them shy away from sultry Jasmine

but befriend the roses, the red and the white.

Pause a moment.

Follow the wild winding rivers.

Hear lonely train whistles,

on the nearby railway tracks.

Pause a moment.

Celebrate your life;

a treasure worth more than gold.

Give thanks to God you are alive.

Pause a moment.

For soon your soul will fly beyond reach

of all humans and your body too,

parting under six feet of earth.

From *Divine Love*

by Mohamed Elmasry

译后记

　　在翻译《我心：人工智能与真实智慧的边界》的过程中，我始终感到一种深刻的使命感。这项工作不仅是一次语言的转换，更是一场思想与价值的深度对话。作为译者，我见证了科技与人文碰撞的火花，也深刻体会到人工智能背后所蕴藏的巨大潜能与人类智慧的光辉。这种感受使得我在翻译中力求兼顾精准与优雅，既要忠实于原文的深刻思想，又要让中文读者感受到前沿人工智能技术的非凡魅力。

　　习近平总书记多次强调人工智能的重要性，他在致 2024 世界智能产业博览会的贺信中指出："中国高度重视人工智能发展，积极推动互联网、大数据、人工智能和实体经济深度融合，培育壮大智能产业，加快发展新质生产力，为高质量发展提供新动能。"习近平总书记的贺信不仅为我国人工智能的发展指明了方向，也深刻提醒我们，技术的飞跃需要人文智慧的引导。翻译《我心：人工智能与真实智慧的边界》让我进一步认识到人工智能不仅是技术突破的代名词，更是思想和价值的试金石。人工智能与人类智慧之间的辩证关系，关乎学术领域的前沿探索，也影响着社会的长远发展方向。

习近平总书记在中共中央政治局第二十次集体学习时指出，人工智能作为引领新一轮科技革命和产业变革的战略性技术，深刻改变人类生产生活方式。在翻译过程中，我深刻意识到人工智能的飞速进步令人振奋。从最初的传统算法到当下的深度学习模型，从 ChatGPT 到 DeepSeek，各种前沿技术正在不断重塑着我们的生活和工作方式。这些技术已经在医疗、教育、交通等多个领域取得了突破性进展，推动产业升级的同时也带来了诸多新挑战。然而，正如本书所强调的，单纯依赖算法逻辑是远远不够的。真实智慧需要深刻的人性关怀与伦理反思，唯有如此，技术才能够成为服务人类福祉的强大工具，而不是一种失控的力量。翻译过程中，我对于每一个术语、每一个句子的推敲，都在思考如何更好地传递这一核心理念，让中文读者从中领悟到技术与人性共融的深刻意义。

本书的原著者不仅对人工智能的技术现状与未来发展进行了深入探讨，还特别关注了人工智能与心理学的交汇点。作为译者，我对于书中跨学科的整合能力深感震撼：心理学的研究为人工智能设计提供了理解和模拟人类行为的科学依据，而人工智能的建模能力又为心理学的实验和理论拓展了新的研究工具。这种双向赋能的关系，展示了技术与人文、科学与艺术之间的紧密互动，也启示我们如何以更全面的视角理解人工智能的真正价值。这种跨领域的对话促使我在翻译中尽量保持学术语言的严谨性的同时，力图让文字传递出思想的力量和未来的希望。

原著 *iMind: Artificial and Real Intelligence* 于 2024 年 9 月由国际知名学术出版社 CRC Press 出版。在看到这本书的第一时间，我便意识到它如果能够被翻译成中文，会引起中文读者的兴趣。因此，在快速通读全文后，我立即联系了北京师范大学出版社高等教育分社的姚祝耶编辑。他对于这本书同样充满兴趣，后来也参与了本书文前辅文、第六章及尾声的翻译工作。在高等教育分社周益群副社长的大力支持下，我们仅用一个月时间便完成了整本书的翻译，并且于随后顺利通过了"三审三校"。从初稿到最终定稿，每一个环节都凝聚了团队的集体智慧，也正因如此，这本书的中文版本真正体现了书名中"real intelligence"的内涵。

《我心：人工智能与真实智慧的边界》不只是一部人工智能科普读物，也不仅是对前沿技术的学术梳理。这本书更是对技术与人文关系的深刻反思，它超越了技术范畴，为读者带来了思想启迪。在这个充满不确定性的时代，我们不仅需要先进的智能技术，更需要人性化的智慧关怀；不仅需要技术的快速飞跃，更需要关注技术背后的伦理与价值。愿这本书成为读者探索人工智能与真实智慧关系的一把钥匙，激励我们在未来的发展中，不断坚持创新引领、科技向善的方向。

刘　桑
于安徽农业大学
2025 年 5 月

iMind：Artificial and Real Intelligence 1st Edition（ISBN 9781032778747）by Mohamed I. Elmasry

Copyright © 2025 Mohamed I. Elmasry

All rights reserved.
Authorized translation from the English language edition published by CRC Press，a member of the Taylor & Francis Group，LLC.
本书英文原版由 Taylor & Francis 出版集团旗下 CRC 出版公司出版，并经其授权翻译出版。
Copies of this book sold without a Taylor & Francis sticker on the cover are unauthorized and illegal.
本书封面贴有 Taylor & Francis 公司防伪标签，无标签者不得销售。

北京市版权局著作权合同登记号：01-2025-3311

图书在版编目（CIP）数据

我心：人工智能与真实智慧的边界 /（加）穆罕默德·埃尔马斯里著；刘燊译. -- 北京：北京师范大学出版社，2025.8. -- ISBN 978-7-303-30829-3

　Ⅰ. TP18

中国国家版本馆 CIP 数据核字第 2025NX9304 号

WO XIN：RENGONG ZHINENG YU ZHENSHI ZHIHUI DE BIANJIE
出版发行：北京师范大学出版社 https://www.bnupg.com
　　　　　北京市西城区新街口外大街 12-3 号
　　　　　邮政编码：100088
印　　刷：北京盛通印刷股份有限公司
经　　销：全国新华书店
开　　本：880 mm×1230 mm　1/32
印　　张：8.75
字　　数：200 千字
版　　次：2025 年 8 月第 1 版
印　　次：2025 年 8 月第 1 次印刷
定　　价：59.00 元

策划编辑：姚祝耶　　　　　　　责任编辑：姚祝耶
美术编辑：李向昕　　　　　　　装帧设计：李向昕
责任校对：张亚丽　　　　　　　责任印制：马　洁

版权所有　侵权必究
读者服务电话：010-58806806
如发现印装质量问题，影响阅读，请联系印制管理部：010-58806364